本书由云南师范大学中国语言文学学科建设项目和华文学院共同资助出版

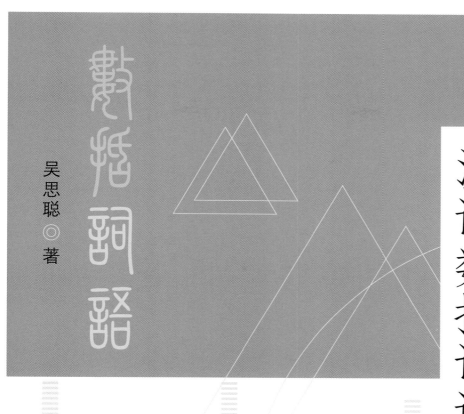

吴思聪 ◎ 著

汉语数括词语研究

中国社会科学出版社

图书在版编目（CIP）数据

汉语数括词语研究／吴思聪著 . —北京：中国社会科学出版社，
2019.5

ISBN 978-7-5203-4467-8

Ⅰ.①汉…　Ⅱ.①吴…　Ⅲ.①汉语–词语–研究　Ⅳ.①H13

中国版本图书馆 CIP 数据核字（2019）第 101186 号

出 版 人	赵剑英	
责任编辑	任　明	
责任校对	夏慧萍	
责任印制	郝美娜	

出　　　版	中国社会科学出版社	
社　　　址	北京鼓楼西大街甲 158 号	
邮　　　编	100720	
网　　　址	http://www.csspw.cn	
发 行 部	010-84083685	
门 市 部	010-84029450	
经　　　销	新华书店及其他书店	

印刷装订	北京君升印刷有限公司	
版　　　次	2019 年 5 月第 1 版	
印　　　次	2019 年 5 月第 1 次印刷	

开　　　本	710×1000　1/16	
印　　　张	12.5	
插　　　页	2	
字　　　数	194 千字	
定　　　价	75.00 元	

目　录

绪　　论

　　汉语数括词语是以一定的语言单位冠以一定的数词或数量短语构成的定中结构，从古至今都是汉语中一种使用非常频繁、广泛的结构，如古代的"三纲五常"（君为臣纲，父为子纲，夫为妻纲；仁、义、礼、智、信），文革期间的"四清"（清政治、清经济、清思想、清组织）、"三忠于"（忠于毛泽东、毛泽东思想和毛泽东的革命路线），今天的"五好四美三热爱""三个代表""八荣八耻"等，都是典型的数括词语。其中，"四清""三终于"和"三个代表"只有一个结构层次，包含一个结构单元；"三纲五常"和"八荣八耻"包含两个结构层次，由两个基本的结构单元并列联合而成；"五好四美三热爱"也包含两个结构层次，但由三个基本的结构单元并列联合而成。

　　数括词语，不管包含几个结构层次，其基本的结构单元都是定中结构，只要其中的数词不是"一"，每一个基本的结构单元都可以独立。所谓"定中结构"正是就数括词语基本的结构单元而言的。

第一节　研究意义

　　从结构形式看，数括词语有两个鲜明的特点：一是以数词或数量短语充当修饰、限定成分，但又与由数词或数量短语作定语的普通定中短语完全不同；二是包含"缩"或"略"的因素，但又与通常所说的缩略词语明显有别。数括词语究竟是一种什么样的结构？是不是通常所说的缩略词语？这既是我们研究数括词语一个基本的出发点，也是研究汉语缩略词语绕不开的一个基本的理论问题。可以说，几十年来有关数括词语的研究，不管是不是专题研究，都是围绕数括词语究竟是不是缩略词语这一问题展开的。

　　吕叔湘、朱德熙早在1951年就在《人民日报》上连载发表《语法修辞讲话》单行本，把数括词语叫作"用数字概括并列的几项"，并以"双减"（减租减息）、"三反"（反对帝国主义、反对封建主义、反对官僚主义）、"四防"（防匪、防特、防火、防空）、"五拥"（拥护毛主席、拥护中国共产党、拥护人民政府、拥护共同纲领、拥护人民解放军）为例，将其作为汉语简称①（大致相当于今天所说的缩略词语）的三种类型之一。此后，大凡研究汉语缩略词语的人，都必须对这种特殊定中结构的归属问题有个交代，但遗憾的是，大多数学者仅限于把这种结构作为现代汉语缩略词语的一个小类进行简单列举，少数学者虽然主张把这种结构排除在缩略词语之外，但由于研究的对象是那些他们认为属于汉语缩略词语的结构，所以，也没有对这种结构进行全面考察。还有一些研究，虽然对数括词语进行了专门研究，但几乎无一例外都是将其放在缩略词语的框架下，仅从形式上进行考察，由于观察视角单一，也没有得出令人信服的结论。

　　总的来说，数括词语研究还有很多问题亟待回答，其中不乏一些基本的理论问题。例如，数括词语确实包含某些"缩"或"略"的因素，但是否可以就此认为，数括词语就是通常所说的缩略词语？如果是，根据是什么？如果不是，它与通常所说的缩略词语有何本质区别？两者在表义机制、句法与篇章功能及语用、修辞价值等诸多方面有何不同？这是其一。其二，汉语中有很多貌似数括词语的结构，我们很容易把这些结构与数括词语混为一谈。如果数括词语可以自成一类，那其内涵是什么？外延又在哪里？内部是否还可以划分？如何划分？其三，汉语数括词语不仅历史悠久，而且使用非常频繁、广泛。这在诸如英语、法语、德语之类形态变化丰富的语言中，是非常罕见的。这是为什么？汉语数括词语的形成和使用究竟有何语言学基础？汉语数括词语与汉语的结构

---

　　①　吕叔湘、朱德熙（1952）将简称分为三类，第一类无疑当属今天所说的缩略词语。第二类为"两个平列的附加语共用一个被附加语"，如"南北朝"（南朝和北朝）、"大小便"（大便和小便）等，是不是今天所说的缩略语，可以商榷。第三类就是这里所说的数括词语。另外，吕叔湘、朱德熙还在"简称"一节下谈到了地名的简称问题，如"赣"（江西）、"闽"（福建）等，但没有让这类简称自成一个小类。

特点有何关系？凡此种种，使得研究数括词语在一定程度上成了一个牵一发而动全身的问题。

对这些问题进行全面、深入的考察，至少有可能在以下几个方面有所收获。首先当然是有助于认识数括词语本身的价值。初步观察发现，数括词语与通常所说的缩略词语在形成过程，表义机制，使用条件，句法表现，话语或语篇指示、照应，话语或篇章的组织，修辞价值等诸多方面，都具有鲜明的特点，但由于包含某些"缩"或"略"的因素，长期以来，要么仅被作为缩略词语的一个小类简单提及，要么完全被排除在缩略词语之外而被完全忽略。将数括词语从缩略词语中分离出来进行深入、系统的研究，有利于发现数括词语自身的规律，规范数括词语的使用。这是其一。其二，数括词语研究长期徘徊不前，与研究方法单一不无关系。长期以来，人们过于强调数括词语"缩"和"略"的一面，基本上仅限于从形式上进行考察。突破形式的局限，从句法、语义、篇章、修辞层面的多角度观察与描写，有利于发现数括词语的价值，丰富我们对汉语语篇指示手段、篇章照应与组织方式、修辞手段的认识。

其次是有助于解决缩略词语研究中一些基本的理论问题。正如曹炜先生所言："现代汉语缩略词语的研究和探索已经走过了半个多世纪的里程……但存在的分歧还是不少。即使诸如缩略词语的定义、缩略词语的范围、缩略词语的分类以及缩略词语的规范等可谓基本的理论问题也不无进一步推敲的余地。"（曹炜，2003）。曹炜所言恰如其分地反映了汉语缩略词语的研究现状。之所以会出现这种情况，恐怕与数括词语被纳入"现代汉语缩略词语"的范畴不无关系。

除数括词语外，汉语中还有大量以数字、数词为修饰、限定成分的定中结构，如"'211'工程""八字方针""二炮""'九一八'事变""五湖四海""七上八下""九牛一毛"等。这些形形色色的"带数"结构，由于与数括词语结构形式相同或相似，也常常被当作数括词语看待，进而也被裹挟纳入了缩略词语的范畴。这无疑也对缩略词语本身的研究造成了严重干扰。时至今日，我们连缩略词语的认定标准和形成机制都无法确定，恐怕与"缩略词语"名下的语言现象过于庞杂无序，脱不开干系。本研究无意，也不可能解决缩略词语研究中的理论问题，但如果能将数括词语从汉语缩略词语中分离出来，至少可以让人们集中精力去研究那些真正属于缩略词语的现象。

最后，研究数括词语也有助于认识汉语作为典型分析性语言的本质。从马建忠的《马氏文通》开始，汉语语法就深受西方句法理论的影响，但正如赵元任（Chao，1968）指出的那样，组成汉语句子的直接成分不是西方式的"主语"，而是"话题"。此后，尽管"话题"本身的含义还有待明确，但越来越多的人开始使用这一概念来分析像汉语这样的分析性语言的特点，从"话题"出发引申出了不少功能性、篇章性的概念，如"话题凸显"（Li and Thompson，1976）、"话题链"（Tsao，1979）、次话题（Tsao，1990）等。对"话题"的大量研究，解决了汉语语法研究中有关结构与功能方面的很多问题，但研究越深入，发现的问题越多。戴庆夏（2017）也指出，分析语与非分析语在特点上各有自己的系统，对两种不同类型的语言进行对比，能够发现分析语的一些不同于非分析语的特点，如重叠、连动结构、述补结构等，都是分析型语言的特点。汉语数括词语如此丰富，使用历史如此悠久，这是否只是一种巧合，还是具有深厚的语言学基础？是否也是汉语的特点之一？从这个意义上说，研究数括词语也可为探讨汉语作为典型的分析性语言相对于其他类型语言的结构特点，提供一个全新的观察视角。

第二节　文献综述

据笔者粗略统计，自吕叔湘、朱德熙发表《语法修辞讲话》，以"用数字概括平列的几项"第一次提及数括词语以来，以各种不同称谓直接或间接研究数括词语的论文有 200 余篇，另有一些相关研究散见于现代汉语教材、专著，博士、硕士学位论文或缩略语词典，如前面已经提到的《语法修辞讲话》（吕叔湘、朱德熙，1952）[1]、《现代汉语》（邢福义、汪国胜，2003）以及《现代汉语缩略词语研究》（王吉辉，2001）、《现代汉语缩略研究——缩略：语言符号的再符号化》（俞里明，2002）、《现代汉语略语词典》（王均熙，1998）等。前人的研究无

---

[1]　《语法修辞讲话》先于 1951 年在《人民日报》上连载，后于 1952 由中国青年出版社出版单行本。

疑为我们今天的研究奠定了扎实的基础，提供了很多宝贵的借鉴和参考。不过，现有的研究大多仅限于在研究缩略词语时简单提及数括词语，或者把数括词语作为缩略词语的一个特殊类型进行简单列举，或者把数括词语排除在缩略词语之外而没有深入研究。近年来，虽然也有一些专题研究成果陆续发表，但无一例外都是在缩略词语的框架内从形式上作静态考察的，对数括词语进行全面、系统的多角度聚焦考察的研究成果并不多见。下面从四个方面对现有研究进行综述。

一　关于数括词语的称谓

数括词语有多种不同的称谓。如前所述，吕叔湘、朱德熙先生（1952）根据构成方式把数括词语叫作"用数字概括平列的几项"。邢福义、汪国胜先生着眼于数括词语的标志性成分——数词或数量短语，将数括词语叫作"标数结构"。其他，如俞理明（2002）的"数量指代"、陈健民（1963）的"合称"、唐雪凝、汪宁（2005）的"统括合称"、徐耀民（1988）的"括约"、刘萍（1999）的"对联语的缩语"等等，指的也都是大致相同的语言现象，主体都是这里所说的数括词语，但也都或多或少混入了一些不是数括词语的结构。实际上，数括词语的称谓还远不止这些，仅带有"数""数字""数词""数量"等字样的，就多达十几种，现摘要列举如下：

数词缩语（陈文，2001；郭进军，1990；何月慧，1987；周世列，1987）；

数词紧缩语（周琴，2002；王书贵，1983）；

数词缩略语（杨国庆，2005；殷凌燕，2004）；

数字缩略语（刘志生，2006；高玉萍，2006；潘勇、陈云香，2006；余富林，2001；马庆株，1987）；

数字略语（李芳，2007；徐国庆，1998）；

数字式缩略语（滕延江、单士坤，2005；张云，2004；陈伯敏，2004；曾剑平，2003；殷志平，2002）；

数字式简缩（国家语委新词新语规范基本原则课题组，2003）；

标数概括（王苹，2003；吴欣欣，1993）；

概数词语（杨佑文、张金荣，2004；陆小明，2003）；

标数概括式简称（潘连根，1995）；

数称（魏成春，2006）。

如此纷繁复杂的称谓，妨碍了同行之间的交流，给数括词语研究造成了很大的干扰。为了避免多种称谓并存的种种弊端，推动数括词语研究向纵深发展，我们有必要对这些不同的称谓进行清理和规范，找到一个既能概括这类结构的特点，又可为各方接受的统一称谓。

"数括词语"是由吉辉先生首先使用的。王吉辉（2001）虽然没有给出数括词语的明确定义，但"数括词语"的说法却是现有各种称谓中最为合适的一个。首先，"数括词语"中"数括"一说，继承了吕叔湘、朱德熙（1952）"用数字概括平列的几项"这一基本思想，点出了数括词语的本质。其次，"数词缩语""数词紧缩语""数词缩略语""数字缩略语""数字略语""概数词语"等带有"数字"或"数词"标识的称谓，究竟指数词缩略后的结果（所以仍然是数词）还是指用数字概括平列的几项（结果不可能是数词），本身不能自明。相比之下，"数括词语"更为简单明了，避免了上述各种"带数"称谓可能造成的误解。最后，使用"词语"也有明显的优势。有的数括词语在长期、频繁地使用过程中，已经明显固化，在人们的心中与通常所说的词已经没有多少差别。如《现代汉语词典》（第五版）把"五官"（眼、耳、鼻、口、身）、"三夏"（夏收、夏种、夏管）、"五谷"（稻、黍子、高粱、麦、豆）等标注为名词，把"三通"标注为动词。有的数括词语则很难作为词来看待，如"三个代表""三皇五帝"是词还是短语？《现代汉语词典》（第五版）没有标注，看来是把它们作为短语看待的。另外，"两会"（全国人民代表大会、中国人民政治协商会议）、"两院"（最高人民法院、最高人民检察院）之类使用频繁、指称明确的结构也不少《现代汉语词典》（第五版）没有收录，即使收录了，是语是词，看来也难有定论。实际上，即使是"五官""三夏""五谷""三通"之类被标注为词的组合，与通常所说的词也还是有所不同的。由于以数词或数量短语为构造成分，这些词不论出现在什么句法位置上，功能类型如何，都具有强烈的指称意味，如人们可以问："三夏"

是哪三"夏"？"三通"指哪三"通"？。这样看来，使用"词语"有一个明显的好处，就是避免了词与非词的纠缠，既可以指词，也可以称语，正好可以涵盖"五官""三个代表"和"两会"各自所代表的情况。这里所谓数括词语既包括那些已经明显词化，但意义没有明显泛化的结构，如"五官""五岭""三峡"等，也包括"三个代表""八荣八耻""四项基本原则"之类通常被作为短语看待的组合。至于"四面八方""五湖四海"这样的结构，由于意义已经泛化，没有确切的指称对象，自然不在数括词语之列。

居于上述理由，这里采用王吉辉先生使用的名称，将"数括词语"定义为以一定的语言单位冠以一定的数词或数量短语构成、对一组特定对象进行概括的定中结构。这里用"一定的语言单位""一定的数词或数量短语""结构"等概念来定义数括词语，是在充分考虑了数括词语的复杂性和特殊性之后做出的选择。

第一，数括词语的两个直接成分，如"三纲"中的"三"和"纲""五常"中的"五"和"常"，都有特定的来源、作用和意义。至于它们的来源、作用和意义究竟有何特殊之处，情况较为复杂，难以用几句话界说清楚，需要在后面的章节里进行详细讨论。

第二，数括词语中数词或数量短语以外的成分，其形式、功能等，都具有多样性，不能用一个具体的概念，如"语素""词"或"短语"等加以概括。而"语言单位"则可大可小，可以是语素、词、短语，甚至是不表示意义的音节，使用起来比较方便，只要稍加限定便可满足需要，无须牵扯这样的成分处于语言的哪个层级、功能如何等。

第三，所谓定中结构，是就数括词语基本的结构单元而言的。有的数括词语，如前面的"四清"，只有一个结构层次，仅包含一个结构单元；有的数括词语，如"三纲五常""八荣八耻""五讲四美三热爱"等，包含两个结构层次，由至少两个基本的结构单元并列联合而成，每一个单元（只要其中的数词不是"一"）都可以独立出来，自由使用。

第四，"三纲五常""三个代表""四清""五官"之类的结构究竟是不是缩略词语，目前还没有定论。虽然多数学者倾向于把它们作为缩略词语的一个特殊类型看待，但严格地说，它们并不符合缩略词语的标准和条件，把它们作为缩略词语看待显得非常勉强。所以，仍有一部分学者不主张把它们纳入缩略词语的范畴。在没有定论之前，或者说在没有对这种结构进行全面、系统的考察之前，我们认为还是用"词语"来称呼更为妥当。

二 关于数括词语的定性与归属

数括词语的定性与归属问题既是数括词语研究中的一个基本的理论问题，也是困扰汉语缩略词语研究的主要问题之一。可以说，所有有关数括词语的研究都是围绕数括词语是不是通常所说的缩略词语这一问题展开的。不过，研究虽然不少，但在数括词语的归属问题上并没达成基本的一致。关于数括词语的归属问题，目前主要有三种观点。

一是把数括词语作为缩略词语的一个特殊类型看待，这是目前的主流观点。这种观点可以从各家所用的称谓上看得很清楚。吕叔湘、朱德熙（1952）把"用数字概括平列的几项"作为汉语的三种简称①之一。不过，从所举的例子看，"用数字概括平列的几项"似乎仅限于"双减""三反""四防"之类由一组并列结构的相同语素冠以表示项数的数词构成的结构，既不包括"五官""六畜""八节"之类以全新的语素或词冠以表示项数的数词形成的结构，也不包括"三纲五常""四书五经"之类由两个或两个以上基本的结构单元构成的结构，而这些结构也都是"用数字概括平列的几项"的结果。

邢福义、汪国胜（2003）主编的《现代汉语》把数括词语叫作"标数式缩略形式"，下分两个小类：一是"取并列结构中的相同语素作代表，加一个概括项目的数词组成"，如"双百"（百花齐放、百家争鸣）、"三包"（包修、包换、包退）、"四有"（有理想、有道德、有文化、有纪律）等；二是"取并列的几种事物的共同性质，加上概括项目的数词组成"，如"三害"（旱灾、涝灾、碱灾）、"五谷"（稻、黍、高粱、麦、豆）、"五官"（眼、耳、鼻、口、身）②等。与"用数字概括平列的几项"相比，"标数式缩略形式"的名下多了一种结

---

① 关于简称与缩略词语之间的关系，目前主要有三种意见。一种意见认为简称就是缩略词语；另一种意见认为，简称与缩略词语是两种不同的语言现象；还有一种意见把简称看作缩略词语的一种。参见曹炜《现代汉语词汇研究》，北京大学出版社 2004 年版，第 127 页。

② 一指"口、耳、鼻、舌、目"。

构，即"取并列的几种事物的共同性质，加上概括项目的数词组成"
的结构。

其他学者，如刘志生、郭夫良等也是把本书所说的数括词语作为缩
略词语看待的。刘志生先生（2006）把东汉碑刻中的此类结构叫作
"数字缩略语"，分为两个小类，这已在前面作过介绍，这里不再重复。
郭伏良先生把新中国成立后汉语的"简缩造词"方式归纳为三类，其
中之一叫作"数字简缩法"，即"用数字概括并列成分的项数，然后附
上原语中并列成分的某一个共同字或表示原语中并列成分的某一共同特
征的一两个字，从而简缩成词的方法"（郭伏良，1998）。分四个小类：

A. "原语中并列成分的共同字在前的"：

　　三废　——废水、废气、废渣
　　五保　——保吃、保穿、保烧、保教、保葬

B. "原语中并列成分的共同字在后的"：

　　三好　——身体好、学习好、工作好
　　四化　——农业现代化、工业现代化、国防现代化、科学技术
现代化

C. "原语中并列成分的共同字在当中的"：

　　三靠　——吃靠返销粮、生产靠贷款、生活靠救济
　　三科　——国家科学技术委员会、中国科学院、中国科学技术
协会

D. "原语各项没有相同字，附加字是抽象出来表示几个并列项目
共同属性的"：

　　三害　——旱灾、涝灾、碱地
　　五毒　——行贿、偷税漏税、盗窃国家财产、偷工减料、盗窃

国家经济情报①

　　从郭文提供的例子看，"数字简缩法"下的四个小类，也都与"标数式缩略形式"的所指范围大体相当。

　　二是主张把数括词语排除在缩略词语之外。王吉辉是持这种观点的主要代表之一。王吉辉（2001）列举了六个大类的"含数字的缩略问题"，把其中的一个大类叫作"数括词语"，认为，"数括词语"要么"组合成分迥异于原式，没有一个能同原式保持着成分组合的一致性"，如"五官"（口、耳、鼻、舌、目）、"七情"（喜、怒、哀、惧、爱、恶、欲）、"八音"（金、石、土、木、丝、竹、匏、革）等②；要么就是"同基数词组合在一起的成分是从原式的共同成分中直接搬移过来的，有着局部成分上的一致性，但组合中的基数词却也是另起的"，如"两汉"（西汉、东汉）、"三个面向"（面向现代化、面向世界、面向未来）、"三通一平"（通电、通路、通水、平整地基）等③，所以也"都缺乏作为缩略词语的资格"（王吉辉，2001）。

　　俞理明先生（2002）在其博士论文中专节列举了多种不属于缩略现象的结构，其中包括一种叫作"数量指代"的结构。俞理明（2002）没有给出明确的定义，只把"数量指代"分为五个小类进行了列举。第一类由"数词+量词+名词"构成，如"两个文明"（社会主义精神文明和社会主义物质文明）、"四项基本原则"（坚持社会主义道路、坚持人民民主专政，坚持党的领导，坚持马克思列宁主义、毛泽东思想）等。第二类为"数词+名词"，如"三皇五帝""五代十国""五岳""七情"等；第三类为"数词+谓词"，如"三要三不要""四有""三讲""双抢"等；第四类由"数词+专用表项词"构成；第五类由"数词+量词+专用表项词"构成，俞理明先生所举的例子是"五个一"（一首好歌、一本好书、一台好戏、一部好电影、一篇好论文）。所谓"专用表项词"，按俞理明先生（2002）的解释，一般是"词组中处于中心地位的名词或动词"，"有时词组中没有共同的中心成分就采用意义上

---

①　以上各例均是郭伏良先生的原例。
②　这里的例子都是王吉辉先生的原例。
③　同上。

与数词没有关系的其他成分作为表项词，与数词组合成数量指代"，如
"四旧"（旧思想、旧道德、旧文化、旧风俗）、"三不"（不打棍子、
不扣帽子、不抓辫子）等。俞里明先生的"数量指代"虽然分类列举
时存在交叉和重叠，但从构成方式和俞理明提供的例子看，他所列举的
五种类型的"数量指代"都属于数括词语的范畴。

　　陈建民先生（1963）把数括词语叫作"统称"，认为"统称"不属于
缩略词语的范畴。所谓"统称"，用陈健民先生的话说，"就是指用数字
（代表原词组的段数）起头，加上一类统括性字眼。这类字眼和简称字不
同。它可以在原词组的各段里出现，也可以不在原词组里出现，还可以在
原词组的某些段里出现，某些段里又不出现"。从构成方式上看，陈健民先
生的"统称"也包括两类结构，显然属于数括词语的范畴。

　　三是主张区别不同情况，把数括词语中的一部分作为缩略词语看
待，而把另外一部分排除在缩略词语之外。曹炜是这一主张的主要支持
者之一。曹炜（2003）列举了在缩略词语的认定问题上意见分歧较大
的五类结构，明确把"吴中四杰"这样的结构排除在缩略词语之外，
而把"截取后加数词概括"形成的结构作为缩略词语的三种类型之一。
按照曹炜先生的解释，所谓"截取后加数词概括"就是"先截取原式
中的关键语素或词，然后再在此语素前加数词或数量词组而形成的缩略
词语"（曹炜，2003），如"四化""三个代表""四类分子"等。①

　　徐耀民（1988）也持相同的观点，认为"四书五经"（大学、中
庸、论语、孟子、书、礼、易、诗、春秋）、"五官"（耳、目、口、
鼻、舌）、"四害"（蚊、蝇、鼠、臭虫）、"五毒"（蝎、蛇、蜈蚣、壁
虎、蟾蜍）等，"有不同于一般缩略语的特点，脱离开原词语的音和
字，完全按原词语的意思另加以归纳、概括而成"，"与括约造成的缩
略语（如'三吏三别'）还是有区别的"（徐耀民，1988）。言下之意
是，只有"三吏三别"之类的结构是缩略语，而"四书五经""四害"
之类的结构则另当别论。

　　殷志平（2002）列举了两类以数词或数量短语为限定成分的结构。
一是他称之为"数字式缩略"的结构，即"用数字概括一串并列的语

---

　　① "四化""三个代表""四类分子"等，也是曹炜先生的原例。

词（包括词、短语、句子等）的项数，再将每一个词语中的共同语素提取出来，组成数词+共同语素的格式"，如"三讲"（讲学习、讲政治、讲正气）等；二是他认为不属于缩略语的结构，即"一种与数字式缩略语有关联的形式，其中数字后的成分并不是原来各项语词共有的语素，而是原来各项所表达内容的属性"。因此，只是"与数字式缩略语有关联的形式"。

纵观三种不同观点，在数括词语是不是缩略词语的问题上，主要是居于两点作出判断的。一是立足于数括词语具有的形式上的"简"与"略"的因素。不可否认，数括词语与相应的所谓"原式"相比，不仅具有"简"和"略"的因素，而且简略的程度远远超过了那些没有任何争议的缩略词语。如"八项主张"对应的所谓"原式"达1581字。我们不禁要问：有这样的缩略词语吗？其二，通常所说的缩略词语意义通常是明确的，不会引起理解上的困难，因此对原式没有依赖。数括词语则不同，离开了具体的语言环境，理解上就会大打折扣。这是为什么？

二是用数括词语中是否包含"原式"中的成分来衡量。按照这个标准，那些以一组并列结构的共同部分冠以表示项数的数词或数量短语构成的数括词语似乎可以划入缩略词语的范畴，但还是显得非常勉强，因为这类结构中的数词或数量短语并不是"原式"中原有的成分，所以也有人主张把他们排除在外。至于那些以全新的成分冠以表示项数的数词或数量短语构成的结构，与所谓"原式"在形式上或者说从构造成分上看，就没有任何关系了。把这样的结构作为缩略词语看待显然难以令人信服。由此看来，仅仅从形式上进行孤立、静止的观察，无论是否把数括词语作为缩略词语看待，都难以做出令人满意的解释。

三　关于数括词语的使用情况

关于数括词语的使用情况，目前还没有全面、系统的统计、分析，因此，只能从一些零星的、局部的研究成果中看出一些端倪。

孙群、汪海英先生（2001）考察了科技论文中缩略语的使用情况，区分了两类带有数字成分的缩略语，即"数字式简称"和"统称"，发现两者都是科技论文中常见的"缩略语"。所谓"数字式简称"指的是诸如"三峡"（瞿塘峡、巫峡、西陵峡）、"五岳"（东岳泰山、西岳华山、南岳衡山、北岳恒山、中岳嵩山）、"三废"（废气、废水、废渣）之类的结构；"统称"则指诸如"四季""双百方针"这样的组合。①

潘连根先生（1995）则专门研究了"标数概括式简称"在公文中的使用情况，发现"标数概括式简称在公文写作中使用相当广泛"，指出对公文中的"标数式简称"进行研究"有着实际的指导意义"。从所举的例子看，如"四化"（工业现代化、农业现代化、科技现代化、国防现代化）、"三好"（身体好、学习好、工作好）等，所谓"标数式概括式简称"，大多属于数括词语的范畴。

是兆新、安瑛先生则把公文中缩略语的构成方式归纳为四种，即缩合法、定义法、提取共同语素法和代称法。其中，"提取共同语素法"下列有数括词语的例子。是兆新、安瑛先生（1995）把它们称为"凝固性缩略语"，即"将词组群中的共同语素提取出来，与短语所具有的词组项数构成"的"缩略语"。

另外，《党建文汇》和《党的建设》还专门刊载过"党建数词缩语"，其中包括"双思"（致富思源、富而思进）、"双学"（学党章、学习邓小平建设有中国特色的社会主义理论）、"双规"（要求有关人员在规定的时间、规定的地点就案件所涉及的问题作出说明）、"四化"（革命化、年轻化、知识化、专业化）、"两推一选"（党员推荐、群众推荐、党内选举）、三会一课（支部委员会、党小组、党员大会和党课）等，这些结构都是典型的数括词语。

与上述各项定性分析相比，鲍明凌、亢世勇（2002）先生的定量统计更能反映数括词语的使用情况。他们从采集到的新词语库中专门提取缩略语进行分类统计，结果如表1所示：

表1　　　　鲍明凌、亢世勇（2000）关于缩略语的分类统计结果

类型	简称	缩语	略语	准缩略语	合计
数量	1580	612	495	270	2957
比例	53.43%	20.70%	16.74%	9.13%	100%

---

① "三峡""五岳""三废""四季""双百方针"等都是孙群、汪海英先生的原例。

　　如表 1 所示，鲍明凌、亢世勇先生把缩略语分为"简称""缩语"
"略语"和"准缩略语"四类。其中，所谓"缩语"属于数括词语的范
畴，用鲍明凌、亢世勇先生的话说，就是"与原词语并列结构项数相等
的数词+并列项的共同成分（共同项）构成的缩略语"，如"三废"
（废气、废水、废渣）、"三学四评"（学政治、学文化、学技术、评政
治、评文化、评技术、评团结）等，在 2957 个缩略语中，占 20.70%，
共 612 个①，所占比例仅次于"简称"。

　　上述研究都是考察现代汉语中数括词语的使用情况的共时研究。与
此不同，刘志生对东汉碑刻中数括词语的使用情况进行了考察，指出：
"东汉碑刻中的缩略语的数量多达 110 多个，且种类丰富，既有数字式
缩略语，也有非数字缩略语。"（刘志生，2006）刘志生所说的"数字
式缩略语"与邢福义、汪国胜（2003）所说的"标数式缩略形式一
致"，也分为两类，分别与"标数式缩略形式"下的两个小类对应。

　　数括词语不是汉语发展到现代汉语阶段才有的现象，从传世的文献
典籍看，至少在先秦时期就已经大量使用了，但除上述刘志生关于东汉
碑刻中的数括词语研究外，目前还未见有其他研究对数括词语在古代汉
语里的使用情况作过考察。

四　关于数括词语的句法、篇章功能和修辞价值

　　现有相关研究中，很少有对数括词语的句法、语用功能和价值进行
深入考察的，即使有所涉及，大多也仅限于从宏观的角度进行探讨。

　　张国侠先生（2007）总结了缩略语的三种"语用"价值，其中包
括数括词语的使用价值。一是交际价值，认为数括词语可以"以简代
繁"（如三个代表）②；二是文化传播价值，认为"缩略"是一种"突
出的文化敏感型符号，是社会现实的一面镜子，如实地反映社会发展变
化"（如三反五反、三忠于）；三是学术价值，认为"缩略语的使用大
大丰富了语言表现形式"，而且"也为各种语言的构词法提供了材料"。

　　相比之下，潘连根先生的论述则要具体得多。潘连根先生（1995）

---

　　①　"三废"和"三学四评"都是原文的例证。
　　②　这里的例子都是潘连根先生的原例。

把数括词语叫作"标数式简称"，① 从修辞、概括和记忆三个方面对"标数式简称"在公文写作中的"语用"价值和功能进行了阐述。关于数括词语的修辞价值，潘连根先生指出："在公文写作中，正确使用标数式简称，能避免平铺直叙、枯燥乏味，使语言气味活泼、气味盎然，令文章增色不少。"关于数括词语的概括作用，潘连根先生认为，"标数式简称可使公文简洁、明快，特别是公文中多次（至少两次）用到时还可以避免不必要的重复"。另外，潘连根先生还指出，使用"标数概括式简称"可以将纷繁的内容简化为"便于记忆的数字"，不仅简洁明快，而且鲜明突出，能给人留下深刻的印象。

何月慧先生（1987）则从三个方面探讨了"数词缩语"，即数括词语在"应用中的作用"：一、作为新闻标题，具有鲜明醒目的特点；二、"可化长句为短句"；三、"用在应用文中还可以起谋篇布局的作用"。魏成春称数括词语为"数称"（2006），认为"数称"与"全称"相比，具有"精练""易用"的特点；此外，还有"点缀"的功能，可以"显示才华"，"尤其是在公文写作过程中，恰到好处地运用数称，可以提升文章（通用公文）的档次，为你的文章（通用公文）增添光彩"。

关于数括词语的句法功能，何月慧先生（1987）指出，"数词缩语""一律为名词性偏正结构，其语法功能也与名词相同"。马庆株先生（1987）把数括词语作为缩略语的一个小类，称之为"数字缩略语"，指出："数字缩略语主要是名词性的，也有少数是区别词性质的。"

五　小结

数括词语究竟是一种什么样的结构？其内涵和外延是什么？是否属于通常所说的缩略词语？答案只有在对数括词语进行多角度聚焦考察后才能确定。

第三节　研究路向与方法

邢福义（1991）曾多次提到语法研究的三个"充分"，即观察充

---

①　实际上，潘连根先生所说的"标数式简称"只是标数结构的一部分，即以一组并列项中的共同成分冠以数词构成的定中结构，如"三好""四化"等。

分、描写充分和解释充分。观察充分就是要对研究对象进行充分的观察，只有充分观察，才能有充分的了解。描写是对事物作规律性的反映，描写充分就是通过描写把应该反映出来的规律性的东西都反映出来。解释则主要是从宏观上对语法事实作出理论上的阐述，目的是揭示语法事实的本质属性和本质面貌。研究数括词语，显然也应该以三个"充分"为目标。如何做到呢？答案同样是邢福义（1990，1991，1994）两个"三角"的理论，当然也包括语言事实的收集和整理。前者是研究的路向，后者是具体的方法和程序。

一　"表—里—值"三角的应用

本研究主要从共时的角度对汉语数括词语进行考察，所以基本思路是邢福义两个"三角"理论中的小三角，即"表—里—值"三角。但正如邢福义（1993）所言，两个"三角"讲的是一般原则，题目不同，研究对象不同，可以有不同的要求。

"表"，就数括词语而言，就是数括词语的结构形式和结构成分。从结构形式和结构成分上看，数括词语与以数词或数量短语为定语的普通定中短语完全一致，也跟"211工程""9·11事件""二炮""三番五次""八字方针"等以数字或数词为定语的一些特殊定中短语有几分相似；从"简"和"略"的角度分析，数括词语的"简""略"程度甚至远远超过了通常所说的缩略词语。数括词语究竟有何特殊之处？如果只从形式上进行分析，显然是难以得出令人信服的结论的。这时就需要由表及里，进行表里互证。

"里"即数括词语表面形式背后的意义（或指称对象）、表义机制和句法功能，还包括数括词语的形成机制和使用条件。如果能够证明数括词语在这些方面都与各种"带数"的定中结构和通常所说的缩略词语完全不同，那么数括词语就有了从这些结构中剥离出来，自成一类的内在依据。

需要指出的是，就句法与语义的关系而言，句法成分与语义成分并不总是对应的。同是句法平面的主语，从语义层面看，可能是施事也可能是受事，宾语也有类似情况。"吃面条"和"吃食堂"，按照句法进行分析，"面条"和"食堂"都是"吃"的宾语，但从语义角度看，

"面条"是对象宾语，"食堂"则表示处所。① 从这个意义上说，只考察数括词语的句法功能还不足以充分认识数括词语，需要进一步深入语义层面对数括词语进行考察，即考察数括词语担当的语义角色、表义倾向等。

　　另外，一个语言单位能够充当什么样的句法成分不是任意的，而是以这个语言单位的语义内容为基础的，所以，其句法功能和语义角色又表现出一定的对应性。对此，任鹰（2005）曾对已有相关研究成果进行过总结。吕叔湘也（1946）指出："拿施事作主语、受事作宾语，是有很强的心理依据的。"菲尔默（Fillmore，1968）认为，底层的语义关系与表层的句法关系，即底层的语义格与表层的句法成分虽然分属不同的层次，没有严格、固定的对应关系，但句法结构的表层主语与深层语义格之间存在一种无标记的选择关系；并排列了通常情况下句法结构的表层主语对深层语义格进行选择的优先顺序，即：A（施事格）>I（工具格）>O（客体格）；陈平先生（1994）则排列了不同语义角色主语和宾语充当的优先顺序，即施事>感事>工具>系事>地点>对象>受事>，充当宾语的优先顺序则正好相反。沈家煊（1998）、石毓智先生（1998）从标记理论的角度指出，主语与施事、宾语与受事之间的对应是汉语的无标记组配模式。② 可见，数括词语，作为一种名词性成分，自然也不能例外，可以或倾向于充当什么样的句法成分，是以其表达的语义内容为基础的。从这个意义上说，从句法层面深入语义层面进行考察，有利于揭示数括词语的表义趋势或倾向，或者说什么类型的数括词语最适于表达什么样的对象或意义。

　　"值"即使用价值。③ 汉语数括词语不仅使用频繁、广泛，而且历史也非常悠久，大到党和国家的各种文件和宣传材料，小到城市街道办

---

　　① 关于这里的"食堂"是不是处所宾语的问题，目前还没有一致的意见。邢福义先生（2003）把这样的宾语叫作代体宾语，用邢福义先生的话说，就是"可以代入常规宾语位置的非常规宾语"，这类宾语一方面跟常规宾语所代表的事物有联系，另一方面又跟动词所表示的事物有联系，可以作为处所宾语看待。任鹰（2005）则把这类宾语归入受事宾语的范畴，认为这是"以处所转指处所中的存在物，是十分常见的语法转喻现象"。

　　② 吕叔湘、菲尔默、陈平、沈家煊、石毓智等关于主语与施事之间的对应关系的论述均转引自任鹰（2005）。

　　③ 邢福义（1993）将"值"定义为"语用价值"。这里的"语用"与"语用学"里的"语用"并不完全一致。为避免造成误解，这里用了"使用"一词。

事处的各种通知，从不同媒体的各种报道到不同体裁的文学作品，都不乏其活跃的身影。这在其他语言中，至少在像英语、法语、德语这样形态变化丰富的语言中，是非常少见的。为了进一步说明数括词语的特殊性，本书还从修辞价值角度，对数括词语在语言运用过程中的价值进行考察。这是其一。其二，语法研究中，很多从句法层面难以解释的现象，如果突破句法结构和句子的局限，跨入篇章的层面，往往会给人一种豁然开朗的感觉。数括词语也是这样，如果仅从句法结构或句子层面进行考察可能并没有任何特殊之处，看到的可能只是其"简"或"略"的形式特征，但如果将其放到篇章层面来考察，其真实面目可能会显露无遗。所以，本研究在运用邢福义小三角理论时"值"的一角也包括语篇指示、篇章照应、篇章组织等方面的内容。

二 语料的收集与整理

本书的语料主要有三个来源。一是王均熙先生编著的《现代汉语略语词典》。该词典把略语分为两类。一类是人们通常所说的缩略词语，如"三产"（第三产业）、"中纪委"（中共中央纪律检查委员会）等；另一类是王均熙称为"合称"的结构，如"三论""一打三反""二为""三夏"等。后者即为本书所称的数括词语。该词典共收这类结构241 条。二是北京大学语料库的子库"人民日报"。分别以"一""二""三""四""五""六""七""八""九""十"及"双"和"两"为查找项，使用 Microsoft Word 的"查找"命令搜索北京大学语料库里1995 年 1—4 月《人民日报》共 835 余万字的文本，获得数括词语 396例。三是笔者在平时阅读中收集的少量数括词语及例证。剔出重复后，实际考察的数括词语是 527 个。

《现代汉语略语词典》收录的数括词语都是经过时间检验，形式较为稳定，具有特定意义的条目，配以引自原文的例句，并注明出处，便于查对，所提供的信息和例证都是真实可靠的。《人民日报》不仅用词严谨，题材、体裁多样，而且语言规范，涉及面广，包括政治、经济、教育、军事、外交等各个领域。从中获取语料，可以保证所用语料的代表性和可靠性。另外，选择该报一段时期内的文本进行穷尽性收集与统计主要是出于三点考虑。一是弥补词典收录条目时可能存在的选择性偏差——只收集那些在一段时期内反复使用，为人们熟知的条目；二是可以反映一过性数括词语的使用情况；三是便于通过定量分析，显示数括词语的优选功能、表义倾向。所谓"优选"和"倾向"都是统计分析的结果。既然是统计分析，对一定语料范围内所有数括词语的使用情况进行统计、分析，是最为可靠的方法。

　　本书在收集整理数括词语时，把有数括词语分布的例句摘录，整理分类后归档备用。语料的整理包括两个方面。一是处理数括词语本身的重复。对同形同指的数括词语，不管出现多少次，都只按一次统计；对同形异指的数括词语则按不同的数括词语处理，出现一次就统计一次。所谓同形异指，就是形式相同，所指对象不同的数括词语，如"三高"在不同语境中可以指：（1）高质量、高产量、高效；（2）高技术、高性能、高质量；（3）高生产、高工资、高消费。二是处理重复例证。所谓重复例证，是指同一个数括词语在同一句法位置上的重复。如果同一个数括词语在同一个功能位置上，如同一个动词的宾语位置上或同一个名词的定语位置上，出现多次，则只取其中的一个。以"三包"充当宾语为例，假如"三包"三次出现都是在不同的句子中充当同一个动词的宾语，则视为重复，只取其中一个作为例证，而不管其所在句子的其他部分是否相同。这样，剔除重复后，本书实际考察的来自现代汉语的例证是 581 例。至于少量来自古代汉语的例证，有的摘自《辞源》①的相关条目，有的则是直接从文献典籍中摘录的，都在引用时一一作了标注。

三　关于术语使用的几点说明

　　为了便于考察，本书在考察数括词语的句法功能时，使用的是"句法成分"的概念。也就是说，本书所说的句法功能都是居于句法结构而非句子进行判断的。

　　句子成分是按照构成句子的词语之间的关系对句子进行划分的结果。通常所说的主语、谓语、宾语、补语、定语、状语等，指的都是句子成分②。但正如吕叔湘先生（1989）指出的那样："……单就句子本

---

① 商务印书馆 1983 年 12 月修订第一版。
② 参见《汉语知识》，人民教育出版社 1959 年版。

身而论，它的直接成分也只有主语和谓语这两样。宾、补、定、状不是句子的成分，而只是句子的成分的成分。"实际上，即使是宾语、补语、定语、状语等句子成分的成分，本身也还有可能包含定语、状语、补语等成分。

胡裕树、范晓先生（1993）也指出："语法研究中的句法平面，是指对句子进行句法分析。"又说："词语与词语按照一定的方式组合起来，构成一定的句法结构，对句法结构进行分析，就是句法分析。"可见，胡裕树、范晓先生所说的句法分析指的也是对构成句子的句法结构，如主谓、述宾、偏正等结构进行分析。虽然分析的结果也叫句子成分（如主语、谓语、宾语、补语等），但却是着眼于句法结构的。用胡裕树、范晓先生（1993）的话说，就是"对句法结构内部的词语与词语之间的关系进行成分分析，也就是着眼于句子成分的确定和结构方式的判别"。

从这个意义上说，主语和谓语也可以叫作句法成分。正如陈昌来先生（2000）所言："主谓句是由主谓短语构成的，所以，主语和谓语又是这个主谓短语的直接成分。从这个意义上说，主语和谓语也是两个句法成分。"

总之，本书所谓句法成分不以句子为前提，而以各自的组合对象为依据，即主语与谓语相对，定语、状语与各自的中心语相对，述语与宾语相对，补语与其补充说明的成分相对，虽然称谓基本不变，但每一个成分都以各自的对应成分互为存在的条件。这样，即使一个主谓结构如"四费合一"在句子中充当其他成分（如"'四费合一'的政策"），也可以从中分析出主语和谓语两个成分。所以，如不特别说明，这里所谓主语、谓语、述语、宾语、补语、定语、状语和中心语等，指的都是句法成分，是从句法结构的角度进行观察的结果。

第一章

数括词语的性质、类型与范围

关于汉语数括词语的性质、类型和范围，几十年来争议一直不断。争论的问题可以大致概括为以下几个方面：第一，数括词语虽然也包含"缩"和"略"的因素，但是否就是我们通常所说的缩略词语？第二，汉语中很多极富特色的定中结构也是由数字或数词充当定语的，如"二炮""三产""十九大""八一宣言""九牛一毛""十拿九稳""千方百计""三教九流""三页草"等，它们是否也属于数括词语的范畴？如果不是，与数括词语又有何不同？数括词语的内涵是什么？外延又在哪里？第三，数括词语内部也有明显差异，数括词语内部是否还可以继续划分？如何划分？要回答这些问题，首先需要对数括词语的结构形式、结构成分、形成过程、概括对象等，进行深入、系统的描写和分析。

第一节　数括词语的性质

从基本的结构单元看，数括词语是由一定的语言单位冠以一定的数词或数量短语构成的定中短语，形式上与同样由数词或数量短语充当定语的普通定中短语无异；从包含一定的"简"和"略"的因素看，数括词语又与通常所说的缩略词语有几分相似。这就提出了两个问题：与由数词或数量短语构成的普通定中短语和通常所说的缩略词语相比，数括词语究竟有何特殊之处？是否就是我们通常所说的缩略词语？显然，只从形式上进行简单的对比是不可能找到正确答案的。为了得出一个可靠的结论，还需要对数括词语进行多角度聚焦考察。

邢福义先生（1990）在探讨现代汉语语法研究的方法时提出了两

个"三角"的思想，其中第一个三角是由"表""里""值"构成的小三角，即考察语法事实要由表及里，由里及表，做到表里互证。这里的"表"指"语表形式"，"里"指"语里意义"，"值"指"语用价值"。数括词语究竟是一种什么样的结构？我们不妨先按照两个"三角"思想中小三角的要求，来一番表里互证，从概括对象、概括过程、结构成分、句法功能和语用、修辞价值角度进行一番聚焦考察。这里先考察数括词语的概括对象、概括过程和结构成分。至于句法功能和语用、修辞价值，则放到后面相关的章节中去考察。

一　数括词语的概括对象

凡实词性词语都有能指和所指。能指即词语本身，所指即词语的指称对象。如果把概括对象定义为言外指称对象，则数括词语的概括对象不外乎一组平行列举的事物、现象或思想观念，具体说，可以大致分为四类：（1）从同类事物中提取出来的不同个体；（2）从不同种类事物中提取出来的部分个体；（3）不同种类事物的全体；（4）一组密切相关的思想内容或观念。

（一）从同类事物中提取的不同个体

有些数括词语的概括对象是从同类事物中提取出来的不同个体。之所以能把它们提取出来并冠以与其同类不同的称谓，是因为从特定的角度看，这些事物具有某种区别于同类事物其他个体的共同特征。例如：

（1）"四害$_1$"故可恨，苏欣亦可嫌。（王均熙《现代汉语略语词典》）[1]

（2）现正处在世纪之交，发达资本主义国家，像四小龙那样的国家和地区都在谋求提高以经济、科技为主要标志的综合国力，争取在下一个世纪的角逐中占据有利地位。（《人民日报》，1995年3月9日）[2]

（3）人一旦划为"四类分子"就是敌我矛盾，成了无产阶级

---

[1]　"四害"在不同的上下文中的指称对象不同。为了便于区别，这里用下标数字表示。

[2]　凡是注明出自《人民日报》1995年1—4月的例子，均源于《北大语料库》。恕不一一注明。

的专政对象，只许他们老老实实，不准他们乱说乱动。（http：//
blog. sina. com. cn/s/blog_ 4a10118b0102eb0t. html）

（1）和（2）中，"四害"指江青、王洪文、张春桥、姚文元，他们虽
然同属人类，具有人的一切属性，但又以祸国殃民区别于其他人，所以
类聚、并称为"四害"；"四小龙"指中国香港、中国台湾、韩国和新
加坡，它们都在 20 世纪六七十年代以高速发展的经济著称，与当时东
亚其他经济体形成了鲜明的对照；又因为同属汉语文化圈，所以并称为
"四小龙"。"四害"和"四小龙"概括对象的类聚过程和结果相同，这
里以"四害"为例图示如下：

图 1-1　"四害₁"的概括对象与过程

图 1-1 中，U 为人的集合，A 为"四害"，A 属于 U，用集合表示就是：
$U \subset A$。

（3）中"四类分子"的概念，对当今中国大多数年轻一代来说，已非
常模糊，但在那个特殊年代却是尽人皆知的，指的都是坏人，但"坏"
的角度不同，所以被分为四类。"四类分子"概括对象的类聚过程可图
示如下：

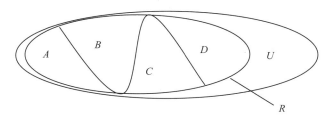

图 1-2　"四类分子"的概括对象与过程

图 1-2 中，如果 U 为人的集合，R 表示"四类分子"，A、B、C、D 分别
为地主、富农、反革命和坏分子的集合，则"四类分子"的概括过

程为：

$$A \subset U, B \subset U, C \subset U, D \subset U$$
$$A \cup B \cup C \cup D = R, R \subseteq U$$

（二）从不同种类事物中提取出来的部分个体

不同种类的事物本来具有各自不同的属类特征，如张三具有人的特征，而张三的宠物狗则具有宠物狗的特征，两者不能混为一谈。但一组本来属于不同种类的个体事物，如果在一定范围内，从某种特定角度看，具有某种共同属性，也可以类聚为伍，成为数括词语的概括对象。例如：

(4) 父老叹曰："三害未除，何乐之有！"处曰："何谓也？"答曰："南山白额猛兽，长桥下蛟，并子为三矣。"（《晋书·周处传》）

(4) 中，"三害"指南山白额猛兽、长桥下的蛟龙和周处。[①] 其中，南山白额猛兽、长桥下的蛟龙属于两种不同种类的动物个体，周处属于人类。三者各属一类，本来互不相干，但从为害乡里的角度看，它们又有相同之处，都是乡里人眼里的祸害，所以并称"三害"。"三害"的概括过程如图1-3所示：

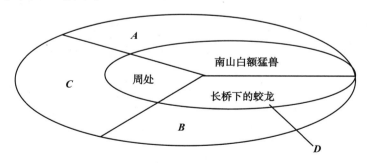

图1-3　"三害"的概括对象与过程

图1-3中，A 为猛兽的集合；B 为蛟龙的集合；C 为人的集合；D 为"三害"。$A \cap D =$ 南山白额猛兽；$B \cap A =$ 长桥下的蛟龙；$C \cap D =$ 周处。

———————————

① 例中，"子"指周处。

用集合表示即为：

$A \cup B \cup C = D$

（三）不同种类事物的全体

不同种类的事物本来各有不同的属类特征，但如果从特定角度看具有某种"共性"，那么，每一类事物都可以作为一个整体，成为数括词语的概括对象。如猪、牛、羊、马、鸡、狗是六种不同的动物，但与其他动物，如老虎、狮子、熊猫、秃鹰等野生动物相比，它们都是家养的，所以又被称为六畜。下面再看几个例子：

（5）麻雀被薰莸不分地打为"四害"，差点断种绝代。（王均熙《现代汉语略语词典》）

（6）近几年来，我国的收音机、录音机、电视机等消费类电子产品的生产，出现了可喜的变化，改变了长期以来"三机"紧缺的局面。（王均熙《现代汉语略语词典》）

（7）当时结婚的新人都追求"三转一响"，即缝纫机、自行车、手表、收音机等。（《广州日报》，2006年2月18日）

（5）—（6）中，"四害"指苍蝇、蚊子、麻雀和蟑螂，它们本是四种不同的动物，但与其他动物相比，又有一个共性，即都能给人类带来危害，所以被概括为"四害"；"三机"指收音机、录音机、电视机，虽然是三种不同的电器，但因为都是20世纪80年代国内时兴的三种家用电器，所以被概括为"三机"。（7）中，"三转一响"由"三转"和"一响"联合而成，"三转"指缝纫机、自行车、手表，虽然分属不同的子类，但都有一个转动的部件，所以被称为"三转"；"一响"指能发出声音的收音机。我们可以把这类概括以"四害"为例图示如下：

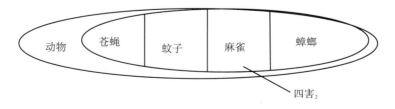

图1-4　"四害₂"的概括过程与对象

图 1-4 中，*U* 为动物的集合，*A* 为苍蝇的集合，*B* 为蚊子的集合，*C* 为麻雀的集合，*D* 为蟑螂的集合，*R* 为四害。用集合表示即为：

$$A \cup B \cup C \cup D = R$$
$$R \subset U$$

（四）一组密切相关的思想内容或观念

一组具有某种内在联系或被赋予一定社会功能、价值或作用的思想内容或观念，也可以构成数括词语的概括对象。例如：

（8）省电台记者回答说："我对这里印象最深的是省劳模周家纯的'三不'，叫作一个假种植技术不讲，一条假农科信息不传，一粒假种子不卖。"（《人民日报》，1995 年 2 月 24 日）

（9）前些年，由于种种原因，岫岩农村放电影出现了三难：收费难、放映难、农民看电影难。（《人民日报》，1995 年 1 月 22 日）

（10）去年初，平顶山市经委和市工商银行联合推出了"资金配置看市场，重在产品畅不畅"的"六看"放贷标准，即：一看产品是否盈利，二看产品合同满不满，三看有无产品生产能力，四看产品有无运输保证，五看产销率是否在 97% 以上，六看贷款本息能否收回。凡同时具备"六看"标准的产品银行予以放贷。（《人民日报》，1995 年 4 月 5 日）

（11）邓小平在讲话中将我们党一贯所强调的思想政治方面的原则，科学地概括为"四项基本原则"，这就是"第一，必须坚持社会主义道路；第二，必须坚持人民民主专政；第三，必须坚持共产党的领导；第四，必须坚持马列主义、毛泽东思想。"四项基本原则是立国之本，是我们党我们国家生存发展的政治基石。（https://zhidao.baidu.com/question/41393870.html）

（8）—（11）中，"三不""三难""六看"和"四项基本原则"都是典型的数括词语，概括对象各为一组特定的思想内容或观念，但都在一定范围内密切相关，或被从特定的角度赋予了共同的社会功能或价值。如"三不"的概括对象同属商业道德或做生意、提供服务的基本原则，且都是省劳模周家纯所秉持或遵循的准则；"三难"的概括对象都是岫岩农村的情况，都是难做的事，共同特点就是一个"难"字；"六看"概括的内容是平顶山市经委和市工商银行配置资金的标准；"四项基本原则"所概括的内容则被赋予了相同的社会、政治价值和功能。

前面我们分四种情况讨论了数括词语的概括对象，从中不难看出，数括词语的概括对象，不论属于哪种类型，首先必须在一定的范围内或者密切相关，或者具有某种共同属性，或者两者兼而有之。所谓共同属性并非总是客观的，更多的是从社会的角度作出的一种功利判断。如（5）中的苍蝇、蚊子、麻雀和蟑螂，如果放在整个自然界看，都是自然生态系统中不可或缺的一环，都有存在的内在依据和外部条件，无所谓利与害。所谓"害"只是对人类而言的。另外，被概括的对象可以是同类事物，也可以是属于不同种类的事物。所谓同类还是异类，是就一定的概括层次而言的，因此是相对的。在某一个概括层次上为不同种类的事物，在另外一个概括层次上可能是同一类事物。例如，（5）中，"四害"的概括对象是苍蝇、蚊子、麻雀和蟑螂。从相互区别的角度看，它们不是同类，但如果从区别于植物和微生物的角度看，又都属于动物。也就是说，都是"动物"这个大类下的不同子类。（6）中，"三机"的概括对象是收音机、录音机、电视机，它们虽然都属于家用电器的范畴，但分别属于三个不同的子类。

从概括对象（即言外指称对象）看，汉语数括词语与通常所说的缩略词语有着本质的不同。数括词语的言外指称对象是多个，正因为如此，才需要进行所谓"概括"。与此不同，缩略词语的指称对象通常就是一个，就是其"原式"的指称对象，中间没有语义上的概括过程，只有形式上的"缩略"过程。如"北大"没有对"北京大学"作任何语义上的概括，只是略去了"京"和"学"。

二　数括词语的概括过程

数括词语虽然都有特定的概括对象，但与"牛""羊""苹果"等认知范畴不同。认知范畴是人类认识世界的产物。人类凭借感官可以捕捉到不同事物之间的相似性，并据此对事物进行分类，将具有相同属性的不同个体归为一类，冠以一定的称谓，形成特定的范畴或概念，这就是所谓语言范畴化。"牛""羊""苹果"等认知概念都是我们用语言对客观世界进行划分，即语言范畴化（linguisticcategorization）的结果。再如，我们在日常生活中看到的树，是形形色色、各不相同的具体的一棵一棵的树，榆树与柳树不同，柳树又跟棕榈树不同，每一棵柳树或每一棵棕榈树之间又不完全一样，但我们的认知将它们的差异剔除了，只保留了相同的部分，然后将其归为一个大类，称为"树"。"树"这个大类下又有"柳树""棕榈树"等不同的小类。这就是范畴化的具体过程。语言中的每一个实词，都是这种范畴化过程的结果。所以，概括的过程就是一个范畴化的过程，反映在语言中就是一个个的实词，而词的可感形式首先是一个个的音响形象。

语言形式（音响形象）与相应概念的结合从一开始就是在人的认知活动中实现的，具有任意性。也就是说语言符号的两个方面——概念与音响形象之间不存在任何必然的因果联系。在索绪尔看来，这是语言符号的最高准则（裴文，2003）。对此，索绪尔（2002）指出："不应该让人以为符号施指①取决于说话者的自由选择（下面我们将看到：一个符号一旦在语言群体中得到确立，个人便无权对它加以改变）；我们想说：它是无理据的，也就是说相对于符号受指，即在现实中与它没有任何天然联系的符号受指而言，它是任意的。"② "牛""羊""苹果"之类的语言符号，是主体对客体进行概括的结果，但"niú""yáng"和"píngguǒ"等音响形式与相应客体的联系是在一定的社会群体中确立的，是一种原初概括，或者说第一次概括。这种施指与受指之间的对应与联系一旦形成，个人便不能任意改变。

与"牛""羊""苹果"之类的语言符号不同，数括词语与其概括对象的结合是一个间接过程，或者说是在言语过程中，在一定话语或篇章基础上的二次概括。也就是说，数括词语的概括对象一定是已经进入话语或篇章的事物、现象或思想观念。既然要进入话语或篇章才能成为数括词语的概括对象，就需要有一定的言语进行引介。从这个意义上说，数括词语的形成过程，是在言语过程中形成的，是一种话语或篇章

---

① "施指"与下文的"受指"分别与英文的 signifier 和 signified 对应，又译作"能指"和"所指"。

② 见索绪尔《普通语言学教程》（第五版），裴文译，江苏教育出版社 2002 年版，转引自裴文（2003）。

行为。为了便于陈述，这里把用于引入数括词语概括对象的言语形式叫作初始表达式。例如：

（12）台湾海峡交流基金会副董事长兼秘书长焦仁和一行 12 人今天抵达北京，将于 22 日起与海峡两岸关系协会进行为期 5 天的两会负责人会谈。（《人民日报》，1995 年 1 月 22 日）

（13）岗位通过招标竞争，实行了优秀员工、合格员工和试用员工"三工并存，动态转换"的政策，促进了人员素质的提高。（《人民日报》，1995 年 3 月 31 日）

（14）大家认为，新形势下贯彻民主集中制，要坚持做到"四个必须"，即：必须总揽全局，议大事抓大事，提高党委的决策水平和领导能力；必须加强制度建设，形成按制度办事、用制度管人的良好气氛；必须处理好民主与集中的关系；必须加强班子团结，保证党委对部队的集中统一领导。（《人民日报》，1995 年 3 月 20 日）

例中，"两会""三工""四个必须"都是典型的数括词语，但如果没有相应的言语基础，其言外所指便不可能被引入篇章，当然也就不可能成为这些数括词语的概括对象。也就是说，"两会""三工""四个必须"的概括对象是进入话语讨论范围的事物或思想观念。"两会"是在"台湾海峡交流基金会、海峡两岸关系协会"的基础上进行概括的结果；"三工"是在"优秀员工、合格员工、试用员工"的基础上形成的；"四个必须"赖以形成的言语基础是"必须总揽全局，议大事抓大事，提高党委的决策水平和领导能力；必须加强制度建设，形成按制度办事、用制度管人的良好气氛；必须处理好民主与集中的关系；必须加强班子团结，保证党委对部队的集中统一领导"。

可见，数括词语对言外指称对象的概括，涉及互为表里的两个方面：一是概括对象，二是概括对象的初始表达式。为了便于区别，本书此后一律用置于尖括号里的黑体字来表示数括词语的概括对象，而初始表达式则用置于双引号内的文字来表示。如（1）（5）两例中，"四害"的概括对象分别表示为江青、王洪文、张春桥、姚文元和苍蝇、蚊子、老鼠、蟑螂，其初始表达式则分别表示为"江青""王洪文""张春桥""姚文元"及"苍蝇""蚊子""老鼠""蟑螂"。

与语言符号的任意性和无理据性相比，数括词语与其言外指称对象之间的联系是建立在篇章基础之上的，决定于言语过程，语言使用者可以根据需要自由使用。由于有篇章为依托，形式上完全相同的数括词语，概括对象可以完全不同（同形异指）；反之，相同的概括对象，也可以用不同的数括词语来概括（异形同指）。例如：

（15）高学历、高技能、高素质的"三高"人才，已经成了中国奥运军团中的香饽饽。（《南方都市报》，2008 年 8 月 17 日）

（16）眼看春节即将来临，许多朋友在春节期间会放开肚子大吃大喝，很容易诱发三高的发生。（阿邦・健康，http：// zlnjiankang. abang. com/）

（17）我们的发展格局和目标是：继续抓好"三通₁"突破，即突破交通、电通、讯通，打好发展基础，创造良好环境。（《人民日报》，1995 年 1 月 23 日）

（18）我们希望台湾当局以民族大义为重，在实现两岸直接"三通₂"方面迈出实际步伐。（《人民日报》，1995 年 1 月 30 日）

（15）—（16）中，两个"三高"形式上完全一致，但内容却完全不同。（15）中，"三高"指高学历、高技能、高素质，（16）中，"三高"指高血压，高血脂，高血糖。（17）—（18）中，"三通₁"和"三通₂"形式上也没有任何区别，但所指却完全不同。"三通₁"指交通、电通、讯通，"三通₂"指通邮、通航、通商。下面是数括词语相同，概括对象相同的两个例子：

（19）邓小平在讲话中将我们党一贯所强调的思想政治方面的原则，科学地概括为"四项基本原则"，这就是"第一，必须坚持社会主义道路；第二，必须坚持无产阶级专政；第三，必须坚持共产党的领导；第四，必须坚持马列主义、毛泽东思想。"（新华网，http：//news. xinhuanet. com/）

（20）从"四个坚持""三个代表"到"新三民主义"，其中的共通性很明显，不用细说。（http：//heyutiandi. bokee. com/）

（19）和（20）中，同是<u>必须坚持社会主义道路，必须坚持无产阶级专政，必须坚持共产党的领导，必须坚持马列主义、毛泽东思想</u>，却用了两个不同的数括词语来概括，一个是"四项基本原则"，另一个是"四个坚持"①。

　　同形的数括词语可以有不同的指称对象，相同的指称对象可以用不同的数括词语来概括。这说明，数括词语的表义具有临时性，这需要以话语或篇章为依托才有可能。从这个意义上说，数括词语的概括过程是言语过程中对特定事物的二次概括，即一个从已有的一个或几个范畴中选取部分事物或范畴，组成一个临时范畴的过程。就此而言，数括词语与通常所说的缩略词语有着本质的区别。通常所说的缩略词语只是形式上的改变，即将一个较为复杂的形式简化为一个较为简单的形式，没有涉及对指称对象的二次概括，因此任何时候都可以直接指称其原式的指称对象，对话语或篇章没有依赖。

三　数括词语的结构成分

　　作为定中结构，数括词语可以切分为两个直接成分。一个由特定的数词或数量短语充当，在数括词语中起限定作用，相当于普通定中短语的定语；其余部分受数词或数量短语限定，相当于普通定中短语的中心语。为了区别于普通定中短语，这里把数括词语中起限定作用的部分叫作限定成分，把受数词或数量短语限定、相当于普通定中短语中心语的部分叫作受限成分。

　　（一）限定成分

　　数括词语的限定成分是数括词语的两个直接成分之一，可以由数词独立充当，也可以由数词与量词构成的数量短语充当，但不论是数词还是数量短语，最终都是表示由数括词语的初始表达式引入话语或篇章的概括对象的项数的，不等于概括对象的个体数量。

---

　　①　指<u>坚持社会主义道路，坚持无产阶级专政，坚持共产党的领导，坚持马列主义、毛泽东思想</u>

　　当数括词语的概括对象为属于不同种类的个体事物时，限定成分表示的数量虽然与概括对象的个体的数量一致，但不能认为数括词语的限定成分就是表示个体事物的具体数量的，因为不同种类的事物通常是不能合并称数的。例如，（4）中，"三害"指<u>南山白额猛兽、长桥下蛟、周处</u>，我们不能把三者合并，然后套用"三只老虎"或"三杯水"之类的构式来表示它们的数量。这时，数括词语的限定成分的准确意义仍然是数括词语的概括对象的项数，而非概括对象具体的个体数量。

　　当数括词语的概括对象为同一类事物的不同个体时，限定成分所表示的数量与数括词语所指事物的个体数量一致，但限定成分除表示数量外，还负载了其他语义内容，具有明确数括词语概括对象外延的作用。如（1）中，"四害"指<u>江青、王洪文、张春桥、姚文元</u>，虽然数量正好为四，但不能说：

　　　　（21）　＊江青、王洪文、张春桥和姚文元是四个害。①

江青、王洪文、张春桥和姚文元，人数虽然刚好为四，但与"四害"中的"四"只是一种巧合。前者只有计数功能，后者除计数功能外，还有定指功能。

　　数括词语中充当限定成分的数词或数量短语都表示定指义，这在汉语这种典型的分析性语言中形式上虽然没有标记，但意义上却是非常明确的，如"三国演义"中的"三国"特指中国历史上的魏、蜀、吴三国，翻译为英语时必须加注定冠词，译作：

　　　　the Three Kingdoms

　　当数括词语的概括对象为不同种类事物的全体时，限定成分表示的数量与事物的个体数量无关，进入概括范围的每一种事物都是以一个整体成为数括词语的概括对象的。例如，（5）中的"四害"指<u>苍蝇、蚊</u>

---

　　① 按照惯例，凡不合语法的句子前面一律加"＊"表示。

子、老鼠、蟑螂，"苍蝇""蚊子""老鼠""蟑螂"都是类指性成分，"四"与"四害"所指事物的个体数量没有关系。

当受限成分是非名词性成分或者虽为名词性成分，但不能从语义上对数括词语的概括对象进行概括时，由于受限成分不表示具体事物，所以没有数量可言。例如：

（22）就在大灾之年，柳州经济持续健康发展，并圆满实现了年初提出的"两高""两低"的目标，即工业的产值和销售收入的增幅都高于全国平均水平，而工业的亏损面和亏损额又双双比上年下降，并低于全国平均水平二十至三十个百分点。（《人民日报》，1995 年 2 月 16 日）

例中，"两高"的言外指称对象是<u>工业的产值和销售收入的增幅都高于全国平均水平</u>，"两低"表示<u>工业的亏损面和亏损额又双双比上年下降，并低于全国平均水平二十至三十个百分点</u>。在相应的初始表达式中，"高"和"低"都是形容词，不指任何具体的事物。"两高""两低"的限定成分"两"所表示的数量与数括词语的言外所指没有直接的数量关系。这时，限定成分表示的数量实际上是语言符号的出现次数，即充当初始表达式中并列各项中公因子的出现次数，不是数括词语的言外指称对象的数量。如"两高""两低"中，"两"分别表示"高"和"低"这两个语言符号在篇章中使用的次数，或者说在初始表达式中并列各项的项数。这时，数词或数量短语表示的实际上就是初始表达式的项数。

理论上，限定成分中的数词可大可小，但实际上是有一定限制的。首先，从生产、生活的实际看，需要或者说可能以并行列举的方式进入篇章的事物是有限的，数量不可能很大。从现有的语料看，主要是"十"以内的数词，在"十"以内的数词中又以"三"和"四"最为常见。这与表达生产、生活或者交际的实际需要是一致的。

其次，从数括词语的概括作用看，只有对象至少为两项，才谈得上概括。从这个意义上说，限定成分中的数词不能为"一"，但在多项式数括词语中例外。这在前面已经说过。下面再看一个例子：

（23）"一化三改"是"一五"计划和过渡时期的整体目标。周恩来不赞成撇开对农业、手工业和资本主义工商业的社会主义改造，孤立地谈实现工业化的目标。（曹应旺《中国的总管家周恩来》）

例中，"一化三改"由两个单项式数括词语联合而成。"一化"指工业现代化，是与"三改"（即对农业、手工业和资本主义工商业的社会主义改造）并行列举的一项，但由于初始表达式不同，所以用"一化"指代，再与"三改"联合构成"一化三改"，但如果没有"三改"，"一化"就不能成立，因为没有"概括"的必要。

从表量角度看，数括词语虽然也以数词或数量短语为限定成分，但不表示概括对象，即言外指称对象的个体数量，而以数词或数量短语为修饰限定成分的普通定中短语则直接表示所指对象的个体数量或类别数量，如"三只麻雀"指的就是话语中提到的麻雀的个体数量。再如，"我们可以把这里的人分为三类"中，"三类"就是指划分出来的类别数量。

从充当限定成分的数词或数量短语的意义看，数括词语不是普通的定中短语，可以自成一类，从以数词或数量短语为修饰限定成分的普通定中短语中独立出来。

（二）受限成分

数括词语的受限相当于普通定中短语的中心语，也是数括词语两个直接成分中较为复杂的一个。说它复杂，是因为它不仅与数括词语的概括对象和初始表达式的关系非常复杂，而且可以由多种不同性质的语言单位充当，在很大程度上决定了数括词语的句法功能、搭配关系、表义倾向、篇章功能和修辞价值。

根据数括词语初始表达式与概括对象之间的关系，充当数括词语受限成分的语言单位可以分为三类：一是直接对数括词语的概括对象从语义上进行概括，形式上与数括词语的初始表达式没有关联的语言单位；二是只与初始表达式有形式上的关联，本身不能直接对数括词语的概括对象从语义上进行概括的语言单位；三是既与数括词语的初始表达式保持形式上的关联，又能对数括词语的概括对象从语义上进行概括的语言单位。

1. 与初始表达式之间没有形式上的关联

充当数括词语受限成分的语言单位要能直接从语义上对数括词语的概括对象进行概括，就只能是具有实在意义的语素、词或短语。另外，由于与数括词语的初始表达式没有形式上的关联，所以也不可能是从初始表达式中提取的，而必须是全新的语言单位。例如：

（24）针对"弘扬传统美德——仁义礼智信"之倡议，有人说："都 21 世纪了，还讲三纲五常？还把过去封建的那套东西拿来说道，这不是在走回头路吗？"（新华网·新华论坛·网友评说，http：//news. xinhuanet. com/）

（25）坚持中国共产党的领导是坚持四项基本原则的核心。反对四项基本原则是资产阶级自由化思潮的主要表现。（奚洁人《科学发展观百科辞典》）

（26）公元前 104 年，由邓平等制定的《太初历》，正式把二十四节气订于历法，明确了二十四节气的天文位置。（农历网，ht-tp：//www. nongli. com/）

（24）—（26）中，"三纲五常"由两个基本的结构单元并列而成，其中"五常"中的"常"在现代汉语中为语素，在古代汉语里则为词，义指道德规范。"四项基本原则"的受限成分"基本原则"为短语，"二十四节气"的受限成分"节气"为词，它们都是相应初始表达式中没有的成分，但都能直接概括所指对象的共同属性。"五常"指仁、义、礼、智、信，是我国封建社会价值体系的核心。"常"指"纲常""伦常"，是对仁、义、礼、智、信的功能定位。"四项基本原则"中，"基本原则"的作用与"常"在"五常"中的作用相似。"二十四节气"中，"节气"指中国农历中表示季节变迁的 24 个节令，与初始表达式中的并列各项，即"立春""雨水""惊蛰""春分""清明""谷雨""立夏""小满""芒种""夏至""小暑""大暑""立秋""处暑""白露""秋分""寒露""霜降""立冬""小雪""大雪""冬至""小寒""大寒"，是上下义关系，意义上完全涵盖初始表达式中的并列各项。

2. 与初始表达式只有形式上的关联

受限成分与初始表达式之所以有形式上的关联，是因为充当受限成分的语言单位是从初始表达式中并列各项中提取出来的。这样的语言单位可以是处于不同层级的语言单位。具体说，既可以是处于符号或符号组合层的语素、词或短语，也可以是处于形式层的音节。① 例如：

(27) 林业"三定"工作是保护森力、发展林业的一项长远大计。(《人民日报》，1981 年 11 月 5 日)

(28) 哪一乡缺雨，就准备着三牲祭祀，打着锣鼓，抬着一个瓶子，来迎龙王。(洪深《青龙潭》)②

(29) 大家认为，新形势下贯彻民主集中制，要坚持做到"四个必须"，即：必须总揽全局，议大事抓大事，提高党委的决策水平和领导能力；必须加强制度建设，形成按制度办事、用制度管人的良好气氛；必须处理好民主与集中的关系；必须加强班子团结，保证党委对部队的集中统一领导。(《人民日报》，1995 年 3 月 20 日)

(30) 记得有一位领导人在第四届全国民运会结束时曾说，广西成功地举办了全国民运会，有三个没想到：没想到开幕式那么成功；没想到精神文明搞得那样出色；没想到民运会影响面那么广。(《人民日报》，1995 年 3 月 13 日)

(31) "双布"终于会面，见面时间长达 3 个半小时。据说他们的谈话核心就是一直以来"毒害"两人关系的关键问题：布莱尔何时履行诺言，交权给布朗。(新华网，http：//news. xinhuanet.com/)

(32) 宗教是两伊的纽带。(http：//www. china. com. cn/ review/txt/)

----

① 语言系统包含着大小不同、性质各异的各种语言单位，分别属于语言的下层和上层。下层是语言符号的形式层，只有形式，没有意义，包括音位和音节。上层是语音和语义结合的符号和符号组合层，既有形式又有意义，包括四个层级的语言单位，即语素、词、短语和句子(邢福义、汪国胜，2002)。

② (29)、(30) 均转引自王均熙《现代汉语缩略语词典》，文汇出版社 1998 年版。

上面六个例子中，"三定""三牲"的受限成分"定"和"牲"，在各自相应的初始表达式中均为语素；"四个必须"的受限成分"必须"为词；"三个没想到"中，"没想到"为短语；充当"双布"和"两伊"受限成分的"布"和"伊"则分别为音译外来词"布莱尔""布朗"及"伊朗""伊拉克"的拟音用字，在各自相应的初始表达式中不表示任何意义。

充当"三定""三牲""四个必须""三个没想到""双布"和"两伊"受限成分的语言单位都是初始表达式中并列各项的共有或相同部分。为了便于陈述，这里把这样的语言单位叫作并列各项的公因子。如（30）中，"三个没想到"的受限成分"没想到"是"没想到开幕式那么成功；没想到精神文明搞得那样出色；没想到民运会影响面那么广"三个动宾短语的公因子，（31）中，"双布"的受限成分"布"则为"布莱尔""布朗"中相同的拟音成分，是两个音译外来词的公因子。

典型的公因子，通常是并列各项中语法功能、语音形式相同，必要时可以用相同的书写符号表示的部分。例如：

（33）今年他们在常规抓法之外还使了"绝招"：从车站、车间到班组，层层签订了确保春运不死、不伤、不着火、不爆炸、不脱轨的"五不"责任状，每人上交 300 元风险抵押金。（《人民日报》，1995 年 1 月 12 日）

（34）为了确保夏粮丰收，打好冲刺"八五"这一仗，农业部首次将冬种、冬管、冬季积造有机肥提炼概括为"三冬"农业。（《人民日报》，1995 年 1 月 9 日）

（33）—（34）中，"五不"对应的初始表达式是五个并列的状中短语，即"不死、不伤、不着火、不爆炸、不脱轨"。受限成分"不"在五个状中短语中的作用和意义完全一致，都为否定副词，作状语；"三冬"的情况则有所不同，受限成分"冬"为"冬种、冬管、冬季积造有机肥"的公因子，在三个并列的状中短语中虽然意义相同，但功能却不完全一致，也不在同一个结构层次上。三个并列的状中短语的结构层次为：

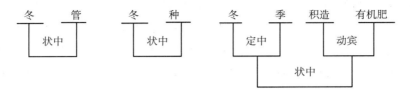

  "冬管""冬种"中，"冬"为两个状中结构的直接成分，作状语。但在"冬季积造有机肥"中，"冬"为"冬季"的直接成分，对"冬季积造有机肥"而言则是间接成分，在其直接成分"冬季"中起修饰、限定作用，相当于普通定中短语的定语。

  有时公因子不一定在每一个并列项中都出现，甚至可以不在任何一个并列项中出现，但通常可以添加到各并列项中去。主要有下面两种情况：

  一是公因子是初始表达式中并列各项的共享成分。所谓共享成分是兼任初始表达式中并列各项共同句法成分的语言单位，通常可以经过复写而成为典型的公因子。例如：

  （35）"一化三改"是"一五"计划和过渡时期的整体目标。周恩来不赞成撇开对农业、手工业和资本主义工商业的社会主义改造，孤立地谈实现工业化的目标。（曹应旺《中国的总管家周恩来》）

  （36）房山区村村有活动，乡乡有比赛；密云县形成了县城与农村、分散与集中、普及与提高三结合的群众文化活动；平谷县则与企业联姻开展了七项大型文化活动。（《人民日报》，1995年2月4日）

（35）中，"一化三改"由"一化"和"三改"并列而成。"一化"的初始表达式为"逐步实现国家的社会主义工业化"，由于只有一项，当然谈不上所谓公因子①；"三改"的初始表达式为"逐步实现国家对农业、手工业、资本主义工商业的社会主义改造"。其中，"改"是"改造"的构词成分，而"改造"则在"逐步实现国家对农业、手工业、资本主义工商业的社会主义改造"中充当宾语，复写"改"，可以得到"国家对农业的社会主义改造""国家对手工业的改造"和"国家对资本主义工商业的改造"。复写后，"改"在三个并列结构中的功能完全一致，成了典型的公因子。（36）中，"县城与农村、分散与集中、普及与提高"并列，以"结合"为共享成分，复写"结合"可得"县城与农村结合、分散与集中结合、普及与提高结合"。这样，"结合"也成了三个并列主谓短语典型的公因子。

二是公因子在语义上指向初始表达式中的并列各项。所谓语义指向（semantic orientation）原指句子中词语之间的语义关系，主要是非连续成分之间的语义关系（邢福义、汪国胜，2002；陆俭明，2003）。例如，从格式上看，"砍光了""砍累了""砍钝了""砍快了""砍疼了"和"砍坏了"，格式都是"动+形+了"，都是述补结构，但补语成分的语义指向却各不相同。"砍光了"的补语"光"在语义上指向"砍"的受事，如"树砍光了"；"砍累了"中补语"累"指向"砍"的施事，如"我砍累了"；"砍钝了"，补语"钝"指向"砍"的工具，如"这把刀砍钝了"；"砍快了"的补语"快"指向"砍"这一动作本身，如"你砍快了，得慢点儿砍"；"砍疼了"补语"疼"在语义上有时可指向"砍"的受事，如"把他的脚砍疼了"，有时可指向"砍"的施事的隶属部分，如"砍了一下午，我的胳膊都砍疼了"；"砍坏了"的补语"坏"在语义上有时可指向"砍"的受事，如"别把桌子砍坏了"，有时可指向"砍"的工具，如"他那把刀砍坏了"。

就充当数括词语的受限成分的公因子而言，这种语义关系既可以是句子内部词语之间的语义关系，也可以是跨句词语之间的语义关系。例如：

（37）a 王金平对此态度强硬，表示有"三个不懂"要问马英

---

① 之所以从将"化"从"逐步实现国家的社会主义工业化"中提取出来，是为了将"一化"与"三改"联合，实现对"一五"计划和过渡时期的整体目标的概括。

九。一、执政后可改名，为何现在不能改？二、现在若考虑改名，有什么必要？三、党的改名是何等重要的事，马英九为何会以此作为礼貌性回应？（《参考消息》，2007 年 1 月 23 日）

　　（38）a 此外，各单位还普遍开展了"三有"活动，即：一个好猪圈、一块好菜园、一片好椰林。（《人民日报》，1995 年 2 月 16 日）

　　（39）a 光高级英语训练班就办了十一期，一百二十六名技术、经纪人员通过训练，达到了读、写、听、说"四会"。（《解放日报》，1984 年 10 月 11 日）①

（37）a 中的"三个不懂"与后面的三个问句相对应，其受限成分"不懂"仅在语义上指向后面三个问句。也就是说，后面三个问句是"不懂"的逻辑宾语。（37）a 可转换为（37）a'：

　　（37）a' 王金平对此态度强硬，表示有"三个不懂"要问马英九：执政后可改名，不懂为何现在不能改；现在若考虑改名，不懂有什么必要；党的改名是何等重要的事，不懂马英九为何会以此作为礼貌性回应。

转换后，"不懂"成了三个并列复句的公因子。（38）a 中，与"三有"对应的一组并列项是"一个好猪圈、一块好菜园、一片好椰林"，它们也是"有"的逻辑宾语。与（37）a 一样，（38）a 也可以转换为（38）a'：

　　（38）a' 此外，各单位还普遍开展了"三有"活动，即：有一个好猪圈、有一块好菜园、有一片好椰林。

（39）a 中，"会"可以分别与"读、写、听、说"结合，构成"会读、会写、会听、会说"四个并列的状中短语。所以，（39）a 可变换为

---

① 转引自王均熙《现代汉语略语词典》，文汇出版社 1998 年版。

（39）a'：

　　（39）a' 光高级英语训练班就办了十一期，一百二十六名技术、经纪人员通过训练，达到了会读、会写、会听、会说的"四会"能力。（王均熙《现代汉语略语词典》）

（39）a' 中，"会"为"会读、会写、会听、会说"四个状中短语的公因子。

　　3. 与初始表达式之间既有形式上的关联，又有语义上的概括与被概括关系

　　数括词语的受限成分与初始表达式之间既有形式上的关联，又有语义上的概括与被概括关系，也就是说充当受限成分的语言单位既是初始表达式中并列各项的公因子，又能在一定程度上概括数括词语的言外指称对象。例如：

　　（40）这个县采伐证、出口证管理相当混乱，倒卖"两证"十分猖獗，采伐证以采伐量计价，每立方米卖到 80 元至 100 元。（《人民日报》，1995 年 1 月 16 日）
　　（41）每年阳春三月，各家新闻单位都以极大的热情和干劲投身于"两会"报道。（《人民日报》，1995 年 4 月 20 日）

（40）中，"两证"的受限成分"证"为"采伐证"和"出口证"的公因子，同时又可以作为"采伐证"和"出口证"的上义成分，对数括词语的概括对象，即言外指称对象采伐证、出口证具有一定的语义概括作用；（41）中，"两会"的受限成分"会"是"全国人民代表大会"和"中国人民政治协商会议"的上义成分。"两证"和"两会"中，"证"即"证件"，义为可以从事某种活动的证明文件；"会"即"会议"，义为一种经常商讨和处理重要事务的常设机构或组织。两者均为名词性语素，具有实在的意义。（42）中充当数括词语受限成分的语言单位则为附着在其他成分后构成名词的词缀：

（42）沈阳铁路公安局赤峰乘警队……加大查堵易燃、易爆、危险品的力度，今年春运开始以来，已查处违禁携带"三品"上车问题数十起。（《人民日报》，1995 年 2 月 17 日）

（42）中，"三品"指<u>易燃品、易爆品、危险品</u>，"品"指物品，为名词性成分，虽然意义较虚，但对初始表达式列举的物品，即"易燃品""易爆品"和"危险品"，仍然具有一定的概括作用。

四　数括词语的联合

前面，我们把数括词语定义为以一定的语言单位冠以一定的数词或数量短语构成的定中结构，这是就基本的结构单元而言的。实际上，数括词语可以只包含一个结构单元，也可以由几个结构单元并列而成。这里把只包含一个结构单元的数括词语叫作单项式数括词语，把包含两个或两个以上结构单元的叫作多项式数括词语。

数括词语的联合以两个结构单元的联合最为常见，如"三纲五常""双增双节""三忠于四无限""三反五反""三大纪律八项注意"等。偶尔也有三个或三个以上结构单元并列的情况，如"五讲四美三热爱"由三个结构单元并列而成。下面是四个结构单元并列联合的一个例子：

（43）雄踞"一方"非易事。新疆为此开展了艰难的"引凤"工程。有人把它概括为一节、两会、三线、四游。（《人民日报》，1995 年 9 月 28 日）

单项式数括词语的联合需要具备一定的条件。通常情况下，只有概括对象的性质相近或密切相关的单项式数括词语才能并列，构成多项式数括词语。例如：

（44）1990 年，我们围绕人事工作如何为首都经济建设服务的问题展开讨论，在思想观念上提出了"四破四立"，即：破除求稳怕乱的旧思想，树立改革进取的新观念；破除"等、靠、要"的陋习，树立求实创新的新风；破除"管、统、包"单一的计划管理方式，树立"强化直接管理，发展人才市场机制"的新方式；破除管人头、转档案、管调动、办手续的狭隘的"小人事"观念，着眼于为经济建设发展服务，做好人才资源合理配置工作的"大人事"。（《人民日报》，1995 年 12 月 6 日）

（45）这"软件"就是"四严一保证"——严密的组织、严格的训练、严明的纪律、严谨的作风和充分发挥思想政治工作的保证作用。（《人民日报》，1995 年 1 月 7 日）

（46）一些乡镇和"七所八站"强摊硬罚，乱收乱支，加重农民负担，激化农村矛盾。（《人民日报》，1995 年 1 月 24 日）

（47）二是进一步健全党员管理制度，健全"三会一课"制度，制定一系列措施。（《人民日报》，1995 年 1 月 8 日）

（48）一个"三反""五反"，依法枪毙了刘青山、张子善，半年解决了问题。（王均熙《现代汉语略语词典》）

（44）中，"四破"和"四立"都是关于"人事工作如何为首都经济建设服务"的，"破"与"立"两两相对，有一"破"就有一"立"，构成了"四破"和"四立"联合的语义基础。（45）中，"四严"和"一保证"都是报道中说的中国国际航空公司现代化飞行的"软件"。（46）中，"七所"和"八站"都是我国农村乡镇管理或服务机构。（47）中，"三会一课"指的是一项党员管理制度的具体内容。（48）中，"三反""五反"则是指从 1951 年年底到 1952 年 10 月，在党政机关工作人员中开展的"反贪污、反浪费、反官僚主义"和在私营工商业者中开展的"反行贿、反偷税漏税、反盗骗国家财产、反偷工减料、反盗窃国家经济情报"运动的具体内容。

多项式数括词语中，并列的各个结构单元之间书面上可以用顿号隔开，但更多的时候是直接相连的。（48）中，"三反"与"五反"之间用顿号隔开，有时也直接相连。例如：

（49）根据后来的统计数字，"三反五反"运动中，全国共有184270 人被捕，119355 名党员被开除党籍，133760 人非正常死亡或伤残。（网易新闻，http：//history. news. 163. com/）

　　（50）三反五反运动的胜利，打退了不法资本家的进攻，巩固了工人阶级和国营经济的领导地位。（中国百科网，http：//www. chinabaike. com/ article/）

　　但不论多项式数括词语各结构单元之间书面上是否隔开，语音上都有明显的停顿。

　　另外，多项式数括词语各结构单元之间有一定的依赖性。这在其中一个或全部结构单元的限定成分为数词"一"的时候尤为明显。通常情况下，数词"一"不能充当单项式数括词语的限定成分，但在多项式数括词语中，"一"也可以成为限定成分的构造成分。例如：

　　（51）萨科奇的这"一离一结"，带给法国政坛少有的娱乐和八卦气息，也令全球各类娱乐、八卦杂志赚个满盘。（新浪网，http：//bbs. news. sina. com. cn/）

　　（52）2000 年 5 月 20 日，陈水扁上台未稳之时，曾作过所谓"四不一没有"的承诺，即"不会宣布台湾'独立'，不会更改'国号'，不会推动李登辉的'两国论'入'宪'，不会推动改变现状的统独'公投'，也没有废除'国统纲领'与'国统会'的问题"。（新浪网，http：//news. sina. com. cn/）

（51）和（52）中，"一离""一结"指法国现任总统萨科奇上任伊始就闪电式离婚又与他人结婚，这已在原文使用"一离一结"前提到过；"一没有"就是"没有废除'国统纲领'与'国统会'的问题"。"一离""一结"和"一没有"都不能自立，所以，只能抱团并列为"一离一结"；"一没有"只能与"四不"结合，构成多项式数括词语"四不一没有"。

五　小节

　　从上面的讨论可以看出，数括词语虽然也包含"缩"和"略"的因素，但与人们通常所说的缩略词语有着本质的不同。缩略词语的结构成分全部取自其原有形式，如"北大"的两个结构成分是"北京大学"

中的"北"和"大","土改"中"土"和"改"都来自"土地改革"。与此不同，数括词语的两个结构成分中，充当限定成分的数词或数量短语是初始表达式中没有的；充当受限成分的语言单位，要么是初始表达式中没有的，要么虽然是初始表达式中本来就有的，但却是初始表达式中并列各项的共享或相同的部分。这是其一。其二，从结构成分之间的关系看，缩略词语的结构成分之间的联系不是直接的，而是间接的。如"北大"和"土改"中，"北"和"大""土"和"改"在意义上都没有直接联系，即使在一定程度上给人以定中关系的感觉，那也是通过"北京大学"或"土地改革"建立起来的。数括词语的两个直接成分之间的结构关系则是直接的，无须而且也不可能借助初始表达式来确定，因为数括词语两个直接成分之间无一例外都是定中关系，而充当数括词语受限成分的语言单位在初始表达式中与其他成分之间的关系是多种多样的。例如：

　　"两个凡是"——凡是毛主席作出的决策，我们都坚决维护，凡是毛主席的指示，我们都始终不渝地遵循

　　"三光"——烧光、杀光、抢光

　　"三高"——高血脂、高血压、高血糖

　　"五不"——不死、不伤、不着火、不爆炸、不脱轨

　　"三有"——有一个好猪圈、有一块好菜园、有一片好椰林

　　"两证"——采伐证、出口证

　　"双布"——布什、布朗

　　上面列举的数括词语中，"凡是"为连词，在初始表达式中不充当句法成分；"光"在初始表达式中作补语；"高"在初始表达式中作定语；"不"在初始表达式中与后面的成分之间是状中关系；"有"与后面的成分构成动宾关系；"证"在初始表达式中相当于定中短语中的中心语；"布"仅为一个音节，在初始表达式中谈不上与其他音节的句法结构关系。

　　如果数括词语中充当受限成分的语言单位是初始表达式中没有的（如"四害"中的"害"），那上面所说的各种结构关系也就无从谈

起了。

　　另外，不同的数括词语在一定条件下可以并列联合为一个，如"三忠于"和"四无限"既可以各自单用，也可以合而为一，以"三忠于四无限"的形式使用。通常所说的缩略词语则不能并列联合为同一个结构，如"北大"和"南大"不能合而为一，构成"北大南大"这样的并列结构。

　　数括词语与缩略词语之间的差异还可表现在表义机制、指称特点、句法表现及语用、修辞价值等不同方面，我们将在后面相关章节中进行考察。

第二节　数括词语的类型

　　数括词语无一例外都是由一定的语言单位冠以一定的数词或数量短语构成的定中结构，从概括对象、概括过程和结构成分的来源看，不仅与以数词或数量短语为修饰、限定成分的普通定中短语不同，也与人们通常所说的缩略词语有别，完全可以自成一类。不过，同是数括词语，充当受限成分的语言单位可以是只起表音作用的音节，可以是具有不同程度的表义功能的语素、词或短语。其中具有一定表义功能的语言单位又可以是虚词，可以是实词，还可以是名词性、动词性、形容词性、副词性等不同性质的语素或短语。这些由不同语言单位充当受限成分的数括词语在句法功能、语用功能和修辞价值上是否也有所不同，是否具有某种规律性或倾向性？为了回答这些问题，进一步探讨数括词语与同形的普通定中短语、疑似数括词语的各种结构和通常所说的缩略词语之间的差别，我们有必要对数括词语的内部划分问题进行考察。

一　数括词语的划分研究

　　分类的问题实际上是一个分类标准的问题，标准不同，划分结果也不一样。自从吕叔湘、朱德熙先生（1952）以"用数字概括平列的几项"第一次提及数括词语以来，人们为划分数括词语作出了不懈努力，尝试了很多划分方法，其中，比较有代表性的主要是四种。

　　（一）以充当受限成分的语言单位的语法性质为标准

　　这种划分方法可以郭进军（1990）的一项研究为例加以说明。郭进军把数括词语叫作"数词缩语",分为三类。

第一类"由数词+表示共同性质的语素(或词)构成",下辖四个小类:

A:数词+名词性语素(或词),如:两汉、两广、三秋、三曹、五岳等;

B:数词+动词性语素(或词),如:三包、五保、三反五反、三热爱、五公开等;

C:数词+形容词性语素(或词),如:三好、三废、四美、五荒、八怪等;

D:数词+副词,如三不、三同等。①

第二类"由数词+词缀构成",如"三性""四化""五子""八大员"等。

第三类为"混合式","由数词和两个或两个以上的语素(或词)构成",如"三种人""两不怕""三个面向""四个坚持""六套班子"等。

郭进军的划分标准并不明确。他首先将数括词语划分为三个大类。第一,第一个大类"由数词+表示共同性质的语素(或词)构成",第二个大类"由数词+词缀构成"。如果第一个大类中,数括词语中数词或数量短语以外的成分,如"三包"中"包""五保"中的"保""五公开"中的"公开"和"三不"中的"不"是表示"共同性质"的,那第二、第三两个大类的数括词语中,"三性"中的"性""四化"中的"化""八大员"中的"员""三种人"中的"人""六套班子"中的"班子"就不表示"共同性质"吗?可见,郭进军第一次划分的标准并不明确,有很大的随意性。第二,词缀也是一种语素,如果以充当数词之外成分的语言单位是语素还是词缀来区分,那郭文所列"数词缩语"的第二大类应为第一大类的一个小类,两者不能并列。第三,郭文列举的第三个大类的"数词缩语"为"混合式"。这类"数词缩语"的

---

① 这里的例子均为郭进军先生的原例。

区别性特征是数词以外的成分由两个以上语素或词构成，但"两个以上的语素"这种说法没有考虑"两个以上"语素之间的结构关系。从郭文在这一类"数词缩语"下列举的例子看，所谓"两个以上的语素"可以是同一个词的结构成分，如"三个面向"中的"面向"；可以是一个短语的直接成分，如"两不怕"中的"不怕"；也可以是没有任何直接结构关系的词或语素，如"两种人"和"六套班子"中，"两""六"之后确实各有两个词，分别为"种"和"人""套"和"班子"，但"种"和"套"都是与前面的数词发生结构关系的，"种"与"人""套"与"班子"不在同一个结构层次上，两两之间都没有直接的结构关系。第四，像"两伊"（伊朗、伊拉克）、"双布"（布什、布莱尔）这样以只起表音作用的音节为受限成分的数括词语应该如何划分，郭进军先生虽然没有提及，但不管归入哪一类显然都不合适。由此看来，郭进军第一层次的划分并不成功，除标准不明外，既不能穷尽所有他称为"数词缩语"的数括词语，也造成了三个大类之间的大量交叉和重叠。

　　另外，郭进军还以充当受限成分的语言单位的性质为依据将第一大类的"数词缩语"细分为A、B、C、D四个小类，分别以名词性、动词性、形容词性或副词性成分为受限成分。以充当受限成分的语言单位的语法性质为依据进行划分，标准虽然统一了，但以不同性质的语言单位为受限成分的数括词语在句法功能、表义倾向、表义机制、篇章功能和修辞价值等方面，是否各有特点呢？按照郭进军的细分标准，"三包""三好""三不"分别以动词性成分（"包"）、形容词性成分（"好"）和副词性成分（"不"）为受限成分，应分属三个不同的小类，但这三个典型的数括词语在概括过程、表义方式、句法功能以及语用、修辞价值等方面却没有表现出明显的差别。如果没有，便失去了划分的意义和价值。①

　　（二）以充当受限成分的语言单位在初始表达式中的位置为标准

　　这种划分方法可以高玉萍的研究为例加以说明。高玉萍（2006）把数括词语叫作"数字缩略语"，认为"数字缩略语"有六种构成方

---

　　①　实际上，"三包""三好"和"三不"都是以各自初始表达式中并列各项的公因子为受限成分的，不仅在构成方式上完全一致，而且在概括过程、表义方式、句法功能以及语用、修辞价值等方面也没有表现出明显差异。参见本书第三章的相关章节。

式，即抽头式、取尾式、取中式、位移式、统括式和缀加式：

> 抽头式：三基（基础理论、基本知识、基本技能）
> 四自（自尊、自信、自立、自强）
> 取尾式：三教（儒教、道教、佛教）
> 四美（心灵美、行为美、语言美、环境美）
> 两个文明（物质文明、精神文明）
> 取中式：双标（国际标准、国外先进标准）
> 三靠（吃粮靠国家、生产靠贷款、生活靠救济）
> 位移式：两会（全国人民代表大会、中国人民政治协商会议）
> 三侨（华侨、归侨、侨眷）
> 统括式：庐山四奇：山峰、瀑布、云雾、怪石
> 四套班子（党委、人大、政府、政协）
> 缀加式：三大球（篮球、排球、足球）
> 四大名绣（苏绣、湘绣、蜀绣、粤绣）①

从给出的例子可以看出，高玉萍划分的六类"数字缩略语"中，前面四类都是以充当受限成分的语言单位在初始表达式中的位置为标准进行划分的，这种划分有一个前提，即充当受限成分的语言单位必须是初始表达式中并列各项的因子。从这个意义上说，完全可以按充当受限成分的语言单位的来源归并为一个大类。最后两类，即"统括式"和"缀加式"实为一类，因为从高玉萍所举的例子看，统括式中，"庐山四奇"中的"奇"是对山峰、瀑布、云雾、怪石的概括，"四套班子"中的"班子"是对党委、人大、政府、政协的概括。与此相仿，缀加式中，"三大球"中的"球"也是对篮球、排球、足球的概括；"四大名绣"中，苏绣、湘绣、蜀绣、粤绣也都属于名绣的范畴，都可以用"名绣"加以概括。这样看来，高玉萍划分的六类"数字缩略语"完全可以归并为两类。一类是像"四套班子"这样的"数字缩略语"，可以涵盖"统括式"和"缀加式"两类，另外一类则可涵盖抽头式、取尾

---

① 这里的例子全部是高玉萍（2006）的原例。

式、取中式和位移式等四类。

（三）以"构成方式"为标准

这种划分方法是由俞理明先生（2002）提出的。前面已经说过，数括词语无一例外都是以数词或数量短语为修饰限定成分的定中短语，不具备作为划分标准的条件，所以俞理明所说的"构成方式"实际上是另有所指的。

俞理明把数括词语叫作"数量指代"，并按构成方式分为五类，即：

A：数词+量词+名词，如：两个文明、四项基本原则

B：数词+名词，如：三皇五帝 五代十国 五岳 七情 三秋（孟秋、仲秋、季秋）

C：数词+谓词，如：四有 三讲 双抢 三好 三下乡

D：数词+专用表项词：四旧 三不 三秋（秋收、秋耕、秋种）

E：数词+量词+专用表项词：五个一（一首好歌、一本好书、一台好戏、一部好影视剧、一篇好论文）①

不难看出，A类和B类、D类和E类之间以是否包含量词相区别；C类与A、B两类之间以除数词或数量词之外的成分的功能类型相区别；D、E两类又以是否带有"专用表项词"与前三类相区别。所谓"专用表项词"，按俞理明先生（2002）的解释，一般是"词组中处于中心地位的名词或动词"，"有时词组中没有共同的中心成分就采用意义上与数词没有关系的其他成分作为表项词，与数词组合成数量指代"，如"四旧"（旧思想、旧道德、旧文化、旧风俗）、"三不"（不打棍子、不扣帽子、不抓辫子）等。这样，C、D两类实际上又把前面的三类包含在内了。

俞理明先生所谓"构成方式"指的不是结构类型，而是诸如是否包含量词，充当数括词语受限成分的是名词、谓词还是"专用表项词"，这不是一个统一的划分标准。另外，从所举的例子看，俞理明先生的"专用表项词"指的应该是数括词语初始表达式中并列各项的相同成

---

① 这里用的都是俞理明（2002）的原例。

分，如"四旧"中的"旧""三不"中的"不"。问题是，A、B、C三类中充当受限成分的名词或谓词也可以是初始表达式中的相同成分，如"三高"（高投入、高产出、高效益）中的"高""四个坚持"中的"坚持"等。

（四）以充当数括词语受限成分的语言单位的来源为标准

邢福义、汪国胜（2003）和刘志生（2006）都是根据充当数括词语受限成分的语言单位的来源进行划分的。邢福义、汪国胜（2003）将数括词语叫作"标数式缩略形式"，根据"标数式缩略形式"除数词或数量短语以外的"语素"是否取自"一组并列结构"为标准，将其分为两类：一是"取并列结构中的相同语素作代表，加一个概括项目的数词组成"，如"双百"（百花齐放、百家争鸣）、"三包"（包修、包换、包退）、"四有"（有理想、有道德、有文化、有纪律）等[①]；二是"取并列的几种事物的共同性质，加上概括项目的数词组成"，如"三害"（旱灾、涝灾、碱灾）、"五谷"（稻、黍子、高粱、麦、豆）、"五官"（眼、耳、鼻、口、身）等。[②] 邢福义、汪国胜先生的研究仅在讨论汉语缩略词语时，着眼于形式（都带有数字、包含"简"和"略"的因素）将"标数式缩略语"作为汉语缩略词语的一个特殊类型，分两类进行了简单列举，从所举的例子看，他们所谓"标数式缩略词语"的概念，其外延与数括词语完全重合。

与邢福义、汪国胜不同，刘志生（2006）研究的是东汉碑刻中的"数字缩略语"，他把东汉碑刻中的"数字缩略词语"分为两类，标准和划分结果都与"标数式缩略形式"完全一致。从所举的例子看，刘志生先生所谓"数字缩略语"其实就是这里所说的数括词语。

二　数括词语的划分标准与类型

前面，我们讨论了数括词语的四种划分方法，前面三种，由于划分标准都不一致，都存在划分结果互相重叠，甚至相互包含的问题。最后一种方法以充当数括词语受限成分的语言单位与相应初始表达式中并列各项的关系为依据，将数括词语分为两类，划分结果互不交叉，是现有

---

①　这里所用的例子均为原书中的例子。

②　同上。

划分方法中最为成功的，但也有明显不足。例如：

（1）卖猪肉先看是否有"两证两章"。（http：//www.pig66.com/ a/2018/ 0911/68127. html）

（2）抓好"三会一课"，提升支部组织力。（http：//dangjian.people. com. cn/ n1/2018/0404/c117092-29908158. html）

（1）—（2）中，"两证两章"指动物检疫合格证、肉品品质检验合格证、动物检疫合格印章和肉品品质检验合格印章；"三会一课"指党员大会、党支部委员会、党小组会和党课。其中"证""章""会""课"都是"取并列结构中的相同语素作代表"的结果，但同时也是"取并列的几种事物的共同性质"的结果。这就提出了一个问题，像"两证两章"和"三会一课"这样的数括词语（即邢福义、汪国胜称为"标数式缩略形式"、刘志生称为"数字缩略语"的结构）该如何归并呢？数括词语的划分标准显然还有商榷的余地。

（一）数括词语划分标准

从结构上看，数括词语无一例外都是定中结构，不可能再从结构上进行划分。从结构成分看，数括词语的两个直接成分中，限定成分要么是数词（实际上是数量短语省略了量词），要么是数量短语，也不具备作为划分标准的条件。这样，唯一有可能作为划分依据和标准的就只有数括词语的受限成分了。

受限成分是数括词语两个结构成分中唯一具有多样性的一个。首先，充当数括词语的受限成分的语言单位可以是没有意义的音节，如"双布""两伊"中的"布"和"伊"；可以是语素，如"四害""三品"中的"害"和"品"；可以是词，如"两个凡是"和"四不一没有"中的"凡是""不"和"没有"；可以是短语，如"四项基本原则""三个不懂"中的"基本原则"和"不懂"。其次，除只起表音作用的音节外，充当数括词语的受限成分的语言单位的语法功能可以是形容词性成分，如"三高"中的"高"；可以是名词性成分，如"两会"中的"会"；可以是动词性成分，如"三反五反"中的"反""四个坚持"中的"坚持"；可以是虚词性成分，如"两个凡是"中的"凡是"，等等。从与初始表达式的关系看，充当数括词语受限成分的语言单位既可以是初始表达式中没有的全新成分，也可以是初始表达式中并列各项的公因子。数括词语受限成分的多样性为我们从受限成分着手探讨数括词语的划分标准提供了前提条件。

在数括词语受限成分的这些不同维度的多样性中，以哪一种为标准才能穷尽所有的数括词语呢？从现有研究的划分实践看，最为成功的是以充当受限成分的语言单位与初始表达式中并列各项的关系为标准对数括词语进行划分。邢福义、汪国胜（2003）和刘志生（2006）正是据此将他们所说的"标数式缩略形式"或"数括词语"划分为两类的：一类是"取并列结构中的相同语素作代表，加一个概括项目的数词组成"的，即以初始表达式中并列各项的公因子为受限成分的。这类"标数式简称"，即数括词语，与初始表达式中的并列各项保持着形式上的关联。另外一类是"取并列的几种事物的共同性质，加上概括项目的数词组成"的。所谓"取几种事物的共同性质"就是以一个全新的语言单位（语素、词或短语）从语义上对初始表达式中的并列各项进行概括，进而对由初始表达式引入话语或篇章的几种事物的共性进行概括。

从划分结果看，虽然这是现有研究中最为成功的划分方法，但漏洞也非常明显。如果充当数括词语受限成分的语言单位既是初始表达式中并列各项的相同语素，又能从语义上对并列各项进行概括，进而对一组事物的共性进行概括，即"取一组事物的共同性质"，那这样的数括词语应该归为哪一类呢？弥补这一漏洞的唯一办法是将这样的数括词语划分出来，另成一类。

看来，以充当数括词语受限成分的语言单位与初始表达式的关系为标准，对数括词语进行划分还是可行的，但划分的意义和价值究竟如何，还需要进一步检验。如果划分后的分类研究表明，不同类型数括词语在句法功能、表意机制、表义倾向、篇章功能和修辞价值等方面各有特点，那这样的划分就是合理的，否则就另当别论了，要么另寻划分的标准和方法，要么放弃划分，因为没有继续划分的必要。

（二）数括词语的类型

如果以充当数括词语受限成分的语言单位与初始表达式之间的关系

为标准进行划分，汉语数括词语可以细分为三个小类。第一类是受限成分是初始表达式中并列各项的共同部分，即公因子，但不能从语义上概括初始表达式中的并列各项的，可以叫作形式概括型数括词语；第二类是虽然受限成分形式上与初始表达式没有关联，但意义上涵盖初始表达式中的并列各项，可以作为并列各项的上义成分使用的，可以叫作语义概括型数括词语；第三类是充当受限成分的语言单位既是初始表达式中并列各项的公因子，又可以从语义上概括初始表达式中并列各项的，可以叫作形、义概括兼顾形数括词语。

1. 形式概括型数括词语

形式概括型数括词语以初始表达式中并列各项的公因子为受限成分，但公因子既不能对数括词语的概括对象进行概括，也不能从语义上对初始表达式中的并列各项进行概括。也就是说，形式概括型数括词语是依靠受限成分与初始表达式形式上的关联，借助初始表达式实现对其言外指称对象的概括的。从这个意义上说，形式概括型数括词语对其言外指称对象的概括，只是一种形式上的概括，故名。例如：

（3）屏南县屏城乡后龙村党支部，充分利用宣传教育站这个阵地，在群众中开展爱党、爱祖国、爱集体、爱亲、爱友、爱后龙的"六爱"教育。（《人民日报》，1995 年 4 月 21 日）

（3）中，如果没有与"爱党、爱祖国、爱集体、爱亲、爱友、爱后龙"这六个并列的动宾短语在形式上的关联，尽管"爱"有明确的意义，但我们也无从对"六爱"进行确切解读，因为我们不知道爱的究竟是什么。从这个意义上说，"六爱"是借初始表达式中的并列各项形式上的共同特征对其言外指称对象进行概括的，因而是一种形式上的概括。

如果"六爱"中的"爱"还算有明确的意义，那么"双普"中的"普"就没有意义可言了。例如：

（4）这其中，美国总统特朗普和俄罗斯总统普京的"双普会"就格外令媒体关注。（《"双普"闭门会谈 2 小时！美俄关系由此破冰?》，央视网，2017 年 7 月 8 日，http：//news. cctv. com/2017/

07/08/ARTIoBWhGKvQDJDyoTicZy1G170708.)

（4）中，"双普"指普京、特朗普，"普"在初始表达式中只是一个表音成分，自身没有意义。前面提到过的"双布"中的"布""两伊"中的"伊"，也都属于这种情况。可见，形式概括型数括词语与初始表达式之间形式上的关联，是通过受限成分初始表达式中并列各项的公因子实现的。

另外，同是特朗普，（4）中截取作为公因子充当数括词语受限成分的表音成分是"普"，换一个语境，充当受限成分的可能就是另外一个表音成分了。例如：

（5）G7峰会"双特会晤""握手之战"特朗普不敌特鲁多表情尴尬。　（http：//slide. news. sina. com. cn/w/slide_ 1_ 2841_ 283162. html#p = 1 ）

（5）中，与"特朗普"并列的换成了"特鲁多"，充当两个并列项公因子的成分变成了"特"，所以便有了"双特"这样一个数括词语。形式概括型数括词语受限成分截取方式上的这种变化进一步凸显了形式概括型数括词语只从形式上对初始表达式中并列各项进行概括的特征。

2. 语义概括型数括词语

语义概括型数括词语是以受限成分直接对其概括对象的某一共性进行概括的数括词语。与形式概括型数括词语不同，语义概括型数括词语一旦实现对其言外指称对象的概括，便可独立对其进行指称，无须借助与初始表达式的链接。从这个意义上说，数括词语对其言内指称对象，即初始表达式的概括是一种语义上的概括，对其言外指称对象的概括是一种特征上的概括。例如：

（6）第一次知道十八罗汉还是小时候看的京剧《十八罗汉斗悟空》，从此就留下了深刻的印象。（李申盛《十八罗汉的故事》，http：//www. findart. com. cn/）

罗汉，也叫应真、尊者，梵语作 Arhat，是释迦牟尼的弟子。"十八罗汉"是指受佛嘱托而不入涅槃、常驻人间以普度众生的 18 位尊者。具备基本佛教知识的人无须借助十八位尊者的原名，即这里所说的初始表达式，即可实现对"十八罗汉"的解读。

语义概括型数括词语的受限成分要从语义上实现对初始表达式的概括，那就必须是能作为初始表达式的上位概念使用、具有实在意义的语素、词或短语。例如，(6) 中，充当"十八罗汉"受限成分的"罗汉"为词；"四项基本原则"中，"基本原则"为短语。"四害"中的"害"虽为语素，但意义非常明确，因此，也可以作为数括词语的受限成分。

3. 形、义概括兼顾型数括词语

形、义概括兼顾型数括词语兼具形式概括型和语义概括型数括词语的特征。从与初始表达式形式上的关联看，形、义概括兼顾型数括词语是由初始表达式中并列各项的公因子充当受限成分的，因此，具有形式概括型数括词语的特征；从与言外指称对象的关系看，形、义概括兼顾型数括词语可以直接对其言外指称对象的共性进行概括，具有与语义概括型数括词语相似的特征。例如：

(7) 落实两会精神，以优异成绩迎接党的十九大，最关键的是坚持稳中求进工作总基调，真抓实干，奋发有为，进一步做好党和国家各项工作。（新华网，http：//www. xinhuanet. com/syzt/sllsl-hjs/）

(7) 中，"两会"指全国人民代表大会、中国人民政治协商会议，"会"既是初始表达式中两个并列项的公因子，在语义上又可以概括初始表达式中的两个并列项，因为全国人民代表大会和中国人民政治协商会议都是"会"。

另外，作为自成一类的数括词语，形、义概括兼顾型数括词语又与形式概括型数括词语和语义概括型数括词语明显不同。

首先，与形式概括型数括词语受限成分与初始表达式中的并列各项没有语义上的关联不同，形、义概括兼顾型数括词语可以从语义上对初始表达式中并列各项进行概括，即可以作为初始表达式中并列各项的上

义成分使用。例如:

（8）车租，他的比别家的大，可是到三节他比别家多放着两天的份儿。（老舍《骆驼祥子》）

（9）长沙市全面清理"三厅一会"。（《光明日报》，1994 年 4 月 18 日）

（8）—（9）中，"三节"和"三厅一会"都是典型的形、义概括兼顾型数括词语。"三节"的受限成分"节"作"节日"解，既是"端午节、中秋节、春节"的公因子，同时又完全可以用作"端午节、中秋节、春节"的上义成分。"三厅一会"为多项式数括词语，两个并列的单项式数括词语中，"三厅"的受限成分"厅"是"舞厅、歌厅、卡拉 OK 演唱厅"的公因子，"一会"的受限成分"会"是"夜总会"的公因子。"厅"原义为"会客、宴会、行礼用的大房间"，引申为"开展某种活动的场所或机构"；"会"作"有一定目的的集会"解。两者在语义上都可以作为相应初始表达式中并列各项的上位成分。①

与语义概括型数括词语相比，形、义概括兼顾型数括词语也有明显的不同。其中，最为明显的当然是语义概括型数括词语的受限成分与初始表达式中的并列各项没有形式上的联系，而形、义概括兼顾型数括词语则与初始表达式之间仍然保有形式上的关联。另外，由于形、义概括兼顾型数括词语可以通过其受限成分与初始表达式链接，所以受限成分可以是词汇意义已经明显虚化的语素。例如:

（10）旅客们在入口处必须将随身携带的所有物品都放到"三品"检查仪上。（铁流网，http：//www.tieliu.com.cn/）

（11）岗位通过招标竞争，实行了优秀员工、合格员工和试用员工"三工"并存，动态转换的政策，促进了人员素质的提高。（《人民日报》，1995 年 3 月 31 日）

---

① "夜总会"作为概括对象，虽然只是一项，但作为多项式数括词语"三厅一会"的结构单元"一会"的指称对象，实际上是与"舞厅、歌厅、卡拉 OK 演唱厅"并列的。

（10）—（11）中，"三品""三工"的受限成分分别为"品"和"工"。"品"虽然可作"物品"解，但意义已经明显虚化。①"工"虽然过去解作"从事某种手工技艺的劳动者"，现在可解作"从事某种工作的人"②，但意义也已经虚化。"品"和"工"现在通常都只能作为定位语素使用，附着在其他成分后，作为名词后缀，构成诸如"物品""产品""战利品""技工""钳工""电焊工"之类的词。但作为数括词语的受限成分，它们对相应初始表达式中并列各项语义上的概括还是非常明显的。

4. 小结

前面，我们根据数括词语受限成分与初始表达式中并列各项的关系，将数括词语划分为形式概括型、语义概括型和形、义概括兼顾型三类。由于受限成分与初始表达式之间的关系不同，三类数括词语与概括对象之间的关系也不同。如图 1-5 所示，语义概括型数括词语可以直接实现对概括对象的指称，形式概括型数括词语需要借助初始表达式才能实现对概括对象的指称，形、义概括兼顾型数括词语可以直接指称其概括对象，但在形式上仍然保持着与初始表达式的关联，兼具形式概括型数括词语和语义概括型数括词语的特征。

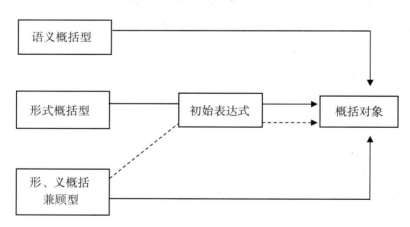

图 1-5　数括词语对其概括对象的指称特点

---

① 参见《现代汉语词典》，商务印书馆 2007 年版。
② 参见《辞海》，上海辞书出版社 1999 年版。

三　数括词语的原型范畴特征

前面我们根据数括词语受限成分与初始表达式的关系将数括词语划分为三类。三类不同的数括词语之间以及数括词语与非数括词语之间是否具有明确的界限呢？答案显然不能一概而论。

从数括词语与非数括词语的区分看，存在着由数括词语向非数括词语过渡的情况。像"四面八方""三教九流""三姑六婆"这样的结构，最初都是典型的数括词语，其中的数词最初都表示确数，即表示概括对象的项数，但在使用的过程中由于意义发生泛化而逐渐向非数括词语转化。"三教九流""三姑六婆"现在虽然还有偶尔使用确指义的时候，但使用泛指义的情况更为常见。"三姑六婆"原指<u>尼姑、道姑、卦姑和牙婆、媒婆、师婆、虔婆、药婆、稳婆</u>，现在泛指各种不务正业的女人。至于"四面八方""五湖四海"之类，确指义早已不复存在。根据《现代汉语词典》（第五版）的解释，"四面八方"泛指周围各地或各个方面；"五湖四海"泛指全国各地。另外一种情况是数括词语朝专名化方向的发展。如"四川"中，"川"可解作"河流"，"四川"过去很有可能也是确指四条河流的，但现在已经专名化，指我国四川省；"九州"可指传说中我国上古时期的九个行政区划，虽然还有确指用法，但仅限于特定语境，更多的时候指的是中国，也已经专名化了。"三峡"则是两用并存的例子，既可指<u>巫峡、瞿塘峡、西陵峡</u>，也可作专名，指三个峡谷所在地区。

从三类数括词语之间的相互区别看，形、义概括兼顾型数括词语与形式概括型数括词语以及形、义概括兼顾型数括词语与语义概括型数括词语之间散布着一些游离不定的数括词语，存在一定的过渡。

形式概括型数括词语与形、义概括兼顾型数括词语都是以一组并列结构的公因子为受限成分的数括词语，两者之间的差别在于形、义概括兼顾型数括词语的受限成分在语义上涵盖初始表达式中的并列各项，即可以作为初始表达式中并列各项的上义成分，而形式概括型数括词语的受限成分则不能，因而在表义上有赖于初始表达式。按照受限成分对初始表达式中并列各项的语义概括能力，形、义概括兼顾型数括词语的受限成分有典型与非典型之别。其中，以名词或词汇意义没有虚化的名词性语素为受限成分的形、义概括兼顾型数括词语最为典型，是形、义概括兼顾型数括词语的原型。例如：

　　（12）关于 13 日上午两会就两岸周末包机和大陆居民赴台旅游签署纪要、协议，江丙坤说，这是两岸两会恢复协商交出的第一张成绩单。（新浪网，http：//news. sina. com. cn/c/2008 – 06 – 14/175215745307. shtml）

　　（13）经历了十余年的曲折和彷徨之后，以"两税并轨"为主旨的《企业所得税法（草案）》即将在 3 月份召开的全国人大第五次会议上进行审议。（新浪网，http：//finance. sina. com. cn/g/20070227/00493357397. shtml）

（12）—（13）中，"两会"指海峡两岸关系协会、海峡交流基金会，"两税"指企业所得税、外商投资和外国企业所得税。充当受限成分的"会"和"税"都是相应数括词语初始表达式中并列各项的公因子，意义也没有虚化，完全可以从语义上对相应初始表达式中的并列各项进行概括，所以"两会"和"两税"都是典型的形、义概括兼顾型数括词语。

　　与"会""税"这样有实在意义的词或语素相比，"品"和"浴"的意义则要虚得多。与此相应，分别以"品"和"浴"为受限成分的"三品"（易燃品、易爆品、剧毒品）和"三浴"（光浴、水浴、空气浴）就不如"两会"和"两税"那样典型了，明显处于形、义概括兼顾型数括词语这一范畴的外围。一个数括词语，如果以意义已经完全虚化的后缀为受限成分，则已属于形式概括型数括词语的范畴了，如有一种中成药叫作五子衍宗丸，其中"五子"为数括词语，指枸杞子、菟丝子、覆盆子、五味子、车前子。由于"子"的意义已经完全虚化了，所以"五子"必须借助初始表达式才能实现对其言外指称对象的概括，已不再属于形、义概括兼顾型数括词语的范畴了。

　　形、义概括兼顾型数括词语有明确的判断标准，即充当受限成分的语言单位既是初始表达式中并列各项的公因子，又可对并列各项从语义上进行概括，但从与形式概括型数括词语的对比中可以看出，这一条件背后实际上还蕴含另外一个条件，即形、义概括兼顾型数括词语初始表达式中的并列各项还必须是名词或名词性短语，如（66）—（67）中的"两会""两税"，以及"三品""三浴"各自对应的初始表达式中，并列的各项都是名词或名词性短语。

　　形、义概括兼顾型数括词语与语义概括型数括词语之间也有一些难以明确归并的情况。多项式数括词语是由两个或两个以上的结构单元并列联合而成的。在这些结构单元中，如果有的结构单元属于形式概括型数括词语的范畴，有的属于语义概括型数括词语的范畴，那由这些结构单元并列联合而成的多项式数括词语就很难划分了。如"三纲五常"中，分开看，"三纲"（父为子纲、君为臣纲、夫为妻纲）①应为形、义概括兼顾型数括词语，"五常"指仁、义、礼、智、信，应为语义概括型数括词语；"三从四德"中，"三从"指未嫁从父、既嫁从夫、夫死从子②，"四德"指妇德、妇言、妇容、妇功，分开看，"三从"和"四德"也是各属一类。作为一个整体，"三纲五常"和"三从四德"应该归入哪一类？这显然不是一个非此即彼的问题，而是一个非此非彼、亦此亦彼的问题。

　　其实，数括词语的划分也跟任何客观事物的划分一样，不同范畴之间的界线都是模糊的。如山顶、山腰和山谷，乍看他们的意义好像都是确定无疑的，但要具体说出山顶与山腰、山腰与山谷之间的界线在哪里，我们又都会犯难。如果将数括词语当作认识的客观对象看待，那么，我们对数括词语的划分无疑带有认知的烙印，划分出来的范畴，即语义概括型数括词语、形式概括型数括词语和形、义概括兼顾型数括词语，也具有认知范畴的一切特征。

　　Ungerer 和 Schmid（1996）把拉波夫（Labov）有关原型范畴的实证研究结果归纳为四点：一是原型范畴不是对现实世界的截然划分，而是以人的心理、认知能力为依据进行划分的结果；二是原型是原型范畴的核心，在原型范畴的形成过程中起着决定作用；三是原型范畴的外延模糊，相邻范畴之间没有截然分明的界限，而是相互融合、渗透而逐渐过渡的；四是相邻范畴之间以原型为中心分布着大量典型与非典型成员，

---

① 参见《现代汉语词典》（第五版），商务印书馆 2007 年版。
② 同上。

形成一个由典型成员向非典型成员逐渐过渡的连续区间。① 从这个意义上说，数括词语的内部划分结果无疑也具有原型范畴的特征。如果将数括词语的三个小类作为原型范畴看待，那形式概括型，形、义概括兼顾型和语义概括型数括词语之间的关系可以图示如下（见图 1-6）：

图 1-6 数括词语的原型范畴

如图 1-6 所示，数括词语的三个小类都有典型成员与非典型成员之分。形、义概括兼顾型数括词语刚好位于形式概括型与语义概括型数括词语之间，以典型成员为核心，逐渐向非典型成员过渡，从两个方向分别向形式概括型数括词语和语义概括型数括词语外围成员接近。

把数括词语及数括词语内部不同类型的数括词语作为原型范畴看待，既切合数括词语的实际，对那些非此非彼、亦此亦彼的个别数括词语也有个交代。不过，从各类数括词语的"原型"来看，三类数括词语之间的差别还是非常明显的。这一点，在我们考察数括词语的句法功能、表义倾向、篇章功能和修辞价值时将会表现得更为明显。

第三节 数括词语的范围

汉语有多种以数字、数词或数量短语为修饰或限定成分的定中结构。这些结构与数括词语非常相似，有的甚至完全一致。从外延上对数括词语进行考察，并将其与汉语中以数字、数词或数量短语为修饰、限定成分的疑似结构进行比较，既有助于确定数括词语的外延和范围，也有助于进一步认识数括词语的内在本质。

---

① 此为笔者据 Ungerer, F & H. – J. Schmid（1996）翻译、整理而成。

一　数括词语与同形的普通定中短语

数括词语以数词或数量短语为限定成分，虽然外部形式和内部结构都与以数词或数量短语为定语的普通定中短语相近或一致，但与后者却有着本质的区别。

从数词或数量短语的意义和作用看，以数词或数量短语为定语的普通定中短语中，数词或数量短语表示中心语所指对象的数量。如"三只老虎"中，"三"表示老虎的个体数量。在形态变化丰富的语言里，"数"是一个典型的语法范畴，具有特定的语法意义，又有相应的语法形式，所以，受数词修饰的名词或相当于汉语量词的成分，形式上通常都要做相应的改变。如英语中，"一只老虎"和"三只老虎"需要分别表示为：

　　　　一只老虎：a tiger
　　　　三只老虎：three tigers

tiger 为单数形式，tigers 为复数形式。汉语虽然没有严格意义上的形态变化，但在普通定中短语中，数词或数量短语表示中心语所指对象的数量这一点上，与英语的是一致的，并在量词的选择上明显表现出来。例如，"老虎"是可数的，所以与之搭配的量词是"只"，"面粉"不可数，所以表量时只能选择"袋""碗""斤""两"等源自容器或重量单位的量词。

与此不同，数括词语的限定成分则表示数括词语的概括对象的项数，而项数不等于个体事物的数量。这有两个方面的原因。第一，数括词语的概括对象，即言外指称对象不一定都是个体事物，也不一定都是同类事物。如"四害"的概括对象是苍蝇、蚊子、老鼠、蟑螂，"苍蝇""蚊子""老鼠"和"蟑螂"指的都是相应事物的全体，"四"与它们的个体数量无关。有些数括词语的概括对象虽然是一组个体事物，但它们可以是属于不同种类的个体事物，数量上虽然与限定成分所表示的数量一致，但不能说就是限定成分所表示的个体数量，因为不同种类的事物个体通常是不能合并称数的。第二，即使数括词语的概括对象是同一类事物的不同个体，数括词语在意义上也与同形的普通定中短语不同。如"四害"指<u>江青、王洪文、张春桥、姚文元</u>，不同于"四个人"。前者指特定的四个人，后者则指任意的四个人，两者不能相互替换。同是一个"四"，但在两个定中结构中的意义和作用不完全一致。

从普通定中短语的中心语和数括词语的受限成分看，以数词或数量短语为定语的普通定中短语中，中心语只能是名词或名词性短语，可以独立充当与其作为结构成分所在的定中短语相同的句法成分。如"老虎"和"三只老虎"一样，都可以充当"看见"的宾语，分别构成"看见老虎"和"看见三只老虎"两个动宾短语。数括词语的受限成分则不同，要么不能单独充当句法成分，要么虽能单独使用，但不是句法功能变了，就是意义或指称发生了改变。例如：

（1）这个昔日的"上访大县"如今变成了"三无"信访工作先进县。（《人民日报》，1995年2月19日）

（2）后来，在批判"两个凡是"的错误的时候，他又指出："我们不能够只从个别词句来理解毛泽东思想，而必须从毛泽东思想的整个体系去获得正确的理解。"（《人民日报》，1995年1月11日）

（3）不久，他们在全部基层单位推行了厂长（经理）负责制。局对下只管"三个一"：一个厂长；一个资产经营目标和精神文明目标责任书；一个工资总额。（《人民日报》，1995年2月23日）

（4）邓小平同志在七十年代末八十年代初就提出，我们搞现代化建设，必须有政治保证。政治保证最重要的就是坚持四项基本原则。没有这个政治保证，经济建设和改革开放都不可能成功。（《江泽民论有中国特色社会主义（专题摘编）》，http://www.ccyl.org.cn/lshzy/）

（1）—（4）中，"三无"的受限成分"无"一般不能单用，"两个凡是"的受限成分"凡是"虽然能单用，但句法功能与"两个凡是"中的"凡是"不同。"两个凡是"中，"凡是"充当相当于普通定中短语中心语的受限成分，有明确的指称对象，即"凡是"这个词，而"凡是"单用时为连词，只表示语法意义，没有指称对象，所以，既不能作主语，也不能作宾语。"三个一"的受限成分是"一"，虽然也可以充当普通定中短语的中心语，但这种用法只在特定语境，如"他连续写了三个'一'"这样的句子中成立。

另外，充当以数词或数量短语为定语的普通定中短语中心语的都是名词，可以独立使用，而充当数括词语受限成分的语言单位是多种多样的，可以是能独立使用的词或短语，也可以是不能独立使用的表音成分或语素。如"双特""双普"中的"特"和"普"以及"四化"中的"化"，都不能独立使用。

总之，以数词或数量短语为定语的普通定中短语和数括词语虽然同为定中结构，但却是两种性质不同的结构，不能相混。

二　数括词语与各种"工程"类结构

汉语中有很多以"工程""项目""计划"等为中心语，以数字为修饰、限定成分的定中短语。为便于行文，这里暂时把这类结构叫作"'工程'类结构"。汉语中大量使用的"工程"类结构可以大致分为两类。一类是在"工程""项目"或"计划"前加上描述性限定成分，如"希望工程""爱心工程"等。这类结构不会与数括词语混淆，不在这里讨论。另外一类是带数字成分的，又可以细分为两个小类：一是像"863计划""211工程"之类的结构。二是像"'五个一'工程"之类的结构。

"863计划""211工程"之类的结构虽然形式和结构类型与数括词语有相似之处，但其中的数字成分不表示数量。例如：

（5）更令人欣喜的是，石化公司近几年投资2.3亿元，兴建了"2346"工程，即年产硫酸钾两万吨，磷酸氢钙3万吨，硫酸4万吨并联产水泥6万吨的装置。（《人民日报》，1995年1月16日）

（6）市里传令，要上"一二三"工程。一，就指俺这乡镇级干部，每人每年至少得引进一个合资项目，二是县级干部，每人每年至少两个，三是市级，三个，对，一点不含糊。（《人民日报》，1995年1月3日）

　　（7）国家教委《跨世纪优秀人才计划》是国家教委"211 工程"的一个有机组成部分，于 1993 年开始实施，旨在通过教委资助造就一批高水平的学科带头人。（《人民日报》，1995 年 2 月 15 日）

　　（5）—（7）中，"'2346'工程""一二三工程"和"211 工程"都含有数字成分，但意义与数括词语中的数词或数量短语完全不同。"'2346'工程"中，"2346"四位数字分别代表"2 万吨""3 万吨""4 万吨""6 万吨"；"'一二三'工程"中，"一""二""三"分别代表"一个合资项目""两个合资项目""三个合资项目"；"211 工程"是中国政府于 20 世纪 90 年代中期提出并开始实施的科技兴国战略，即面向 21 世纪，重点建设 100 所左右的高等学校和一批重点学科。"21"代表 21 世纪，"1"则代表"100 所左右的高等学校和一批重点学科"。显然，这类"工程"类词组或短语中的数字成分虽然意义不尽一致，但有一点却是相同的，即都不直接表示中心语所表示的事物的数量，作用只在于区别此工程、此计划或此项目与彼工程、彼计划或彼项目。

　　在"'五个一'工程"之类的结构的两个直接成分中，起修饰限定作用的一个本身就是一个典型的数括词语，由限定成分和受限成分构成。与其他数括词语一样，限定成分表示概括对象的项数，受限成分则是初始表达式中并列各项的公因子。如"五个一"工程中，"一"是"一本好书、一篇好文章，一台好戏，一部优秀影片、一部优秀影视剧"五个定中短语的公因子，"五"首先表示有五个以"一"为公因子的并列结构。"'五个一'工程"的修饰限定成分"五个一"，其功能虽然与"211 工程"中的"211"数字成分无异，都是充当"工程"的修饰、限定成分的，但"五个一"是一个典型的数括词语，完全可以单用。例如：

　　（8）为了推动"五个一"实践活动落到实处，省人大机关 30 多名厅级以上干部纷纷带头深入基层慰问群众，160 多名回家过年的党员参与组织或牵头组织开展群众健康文体活动。（《南方日报》，2005 年 2 月 16 日）

不过，尽管"五个一"是典型的数括词语，但"'五个一'工程"，作为一个整体，却不属于数括词语的范畴，而是以数括词语为定语的定中结构。

三 数括词语与其他疑似结构

除了"工程"类结构和以数词或数量短语为定语的普通定中短语外，现代汉语中还有一些结构具有与数括词语相同或相似的形式和结构特征。王吉辉（2001）在讨论缩略词语的范围时列出了六类"含数字的缩略问题"，其中只有一类属于这里所说的数括词语①。其余五类中，又有一类是表示年份的纯数字结构，如"85""06"等，它们都不会与数括词语相混。剩下的四类，在结构形式上都与数括词语相同或相似，容易与数括词语相混。现列举如下：

    A. 二炮 二产 二汽 二机部 七大 七五
    B. 二月逆流 八一宣言 二月提纲
    C. 九牛一毛 举一反三 低三下四 五颜六色 七上八下
成千上万
        十拿九稳 千方百计
    D. 三皇五帝 三教九流 三姑六婆 五劳七伤②

另外，还有一类结构，很少有人提及，但也非常容易与数括词语相混，这里也一并列举如下：

    E. 三棵针 三叶草 三脚凳 四棱锥 四面体 三轮车

A类结构是典型的缩略词语，如"二炮"是"中国人民解放军第二炮兵部队"的缩略形式；"七五"是"第七个五年计划"的缩略结果。其中的数字是原式中的序数词省略后保留下来的，是原式的原有成分。

---

① 王吉辉先生在研究缩略词语时也谈及数括词语，但他所说的数括词语的范围与本书所说的数括词语不完全一致。

② 以上各例均引自王吉辉（2001）。

这与数括词语中的数词或数量短语不是"原式"（即初始表达式中）原有的，而是全新的，完全不同。另外，A 类结构的其他非数字成分也与数括词语的非数字成分不同。A 类结构中，非数字成分是全称中保留下来的，如"七大"中的"大"是由"全国人民代表大会"省略后的保留部分。而数括词语中充当受限成分的非数字部分，要么是相应并列项中没有的全新成分，如"四害"中的"害"，要么是相应初始表达式中并列各项的公因子，如"五个一"中的"一"。前者是对一组特定事物或语义内容的共同属性的概括，后者是一组并列结构的相同或共享成分。A 类结构虽然形式上酷似数括词语，但两个结构成分的意义、来源都与数括词语完全不同，不属于数括词语的范畴。

　　B 类结构的数字成分表示时间。例如，"二月逆流"中，"二月"指 1967 年二月；"逆流"则是江青、康生、陈伯达一伙对谭震林、陈毅、叶剑英等所进行的正义斗争的诬称。① "八一宣言"中，"八一"指 1935 年 8 月 1 日；所以"八一宣言"是指 1935 年 8 月 1 日发表的"中国苏维埃政府、中国共产党中央为抗日救国告全体同胞书"②。《二月提纲》指 1966 年 2 月 3 日，由"文化革命五人小组"拟定的《关于当前学术讨论的汇报提纲》。③ 可见，B 类结构实际上是用事件发生的时间对事件进行命名的产物，数字只起区别作用，与数括词语中的数词或数量短语表示确数完全不同。B 类结构显然也不属于数括词语的范畴。

　　C 类结构形式上与数括词语完全一致，但两个直接成分明显具有对举的特征，一旦拆分，两个构造成分就失去了依托，或者不成立，或者意义发生变化。如"九牛一毛"中，"九牛"单用时表示特定的九头牛，"一毛"则不能成立。这与"三纲五常"中，"三纲"和"五常"都能成立，且意义不发生任何改变明显不同。再说"九牛一毛"中，"九"和"一"都不表示确数。这也与数括词语中，数词或数量短语表示确数不同。C 类结构显然也应该排除在数括词语之外。

　　D 类结构可以说最初就是数括词语，其中的数词最初也是表示一组并列项的项数的，后面的成分最初也是对并列项某种共同属性进行概括

---

① 参见《中国共产党历史上的 80 件大事》，人民网，http：//www. people. com. cn/。
② 同上。
③ 参见 Baidu 百科，http：//baike. baidu. com/view/147492. htm。

的结果。但 D 类结构由于在使用过程中意义发生了泛化，其中的数词已不再表示确数了。按照《词源》的解释，"三教九流"中的"三教"原指儒、释、道三教，"九流"原指儒、道、阴阳、法、名、墨、纵横、杂、农九家，现在则泛指宗教、学术的各种流派，甚至是社会上的各色人物或行当。D 类结构，由于意义发生了泛化，也不在本书的研究范围之内。

E 类结构或者为"数+量+名"结构，如"三棵针"等，或者为"数+名+名"结构，如"三叶草""五面体"等。前者在形式上和内部结构上都与数括词语相同，但从所指对象看，指的是同一类事物，是借事物的局部特征对事物本身进行命名的结果。如三棵针是一种灌木，而非三棵特定的针，在云南方言中也叫"鸡脚刺"，以长满鸡脚爪状的针刺为显著特征。而数括词语最初是对引入篇章的一组特定对象进行概括的结果，只要意义不发生泛化，所指对象都是由初始表达式引入话语或篇章的一组特定的事物或语义内容。后者，即"数+名+名"结构，可以分析为：

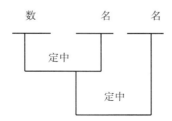

可见，"数+名+名"结构包括两个结构层次，即［（数+名）+名］"。"数+名"部分中，数词虽然表示确数，但作为一个整体，并不确指一组特定的事物。如"三棱柱"中，"三棱"指的不是特定的三条棱，而是对一类事物，即三棱柱的共同特征所做的概括。三棱柱，作为一个整体，指的也是有三条棱的所有柱体，而非特定的三个三棱柱。

另外，作为普通名词，E 类结构可以受数量短语修饰，构成普通定中短语，如"三株三叶草""四辆三轮车"等，但数括词语在指称言外事物时一般不受数量短语的修饰，如我们不能说"三个'三个代表'"，也不能说"三个'三纲五常'"，除非这时的数括词语是用于自指的，即用于指数括词语本身。例如：

　　　　（9）近来，常在报刊上使用的至少有三个"三高"，意义随文
　　而异。

（9）中，"三高"指的是"三高"这一语言符号本身，而非现实世界中
的事物或现象。可见，E类结构属于普通名词，不属于数括词语。

四　数括词语与缩略词语

　　一般认为，缩略词语必须具备三个条件："一是原式必须是现代汉
语中目前仍在使用的词语，二是缩略形式必须是由原式通过缩减法形
成；三是缩略形式必须保留原式中的结构成分。"（曹炜，2004）。用这
三个条件来衡量，现代汉语的数括词语与缩略词语之间的不同还是非常
明显的。

　　首先，缩略词语必须具备的三个条件实际上还隐含着另外一个条
件，即缩略词语原式的存在必须先于缩略词语本身，因为只有原式产生
在前，才可能有后来的缩略。如果数括词语就是我们通常所说的缩略词
语，那么，与其相应的词语、句子或语段（即初始表达式）之间的顺
序也必须符合这一条件。数括词语与特定的词语、句子或语段相对应，
如果说这就是数括词语的所谓"原式"，那么，数括词语与"原式"最
初都是在同一语篇中协同使用、一同出现的。例如：

　　　　（10）在集训时期，我在乔木同志的领导下，可说受到了"三
　　严"教育：在政治上极端严肃，在作风上极端严谨，在工作上极端
　　严格。（《人民日报》，1995年1月13日）
　　　　（11）而早在前几年，何汉晴的火柴厂里就跟她办了"两不
　　找"。就是你不找我，我不找你。你不找我上班，我不找你要钱。
　　跟下岗是一样，只是说法不同而已。（方方《出门》，《小说月报》
　　2005年第2期）

（10）—（11）中，"三严"和"两不找"都是典型的数括词语，分别

对应"在政治上极端严肃,在作风上极端严谨,在工作上极端严格"和"你不找我,我不找你。你不找我上班,我不找你要钱"。两个数括词语与各自对应的所谓"原式"在同一语篇中虽然有先有后,但从宏观的角度,即跳出语篇的局限上看,把这种在同一语篇中出现、表达相同语义内容的两种对应形式分出先后,并没有什么实际意义。

当然,从微观的角度,即从语篇内部看,数括词语与"原式"之间不可能没有先后,但这种先后顺序与数括词语本身的语用、修辞价值密不可分。根据需要,数括词语可以先于其对应形式出现,也可以位于"原式"之后(吴思聪,2006)。如(10)和(11)中的"三严"和"两不找"在语篇内就是先于各自"原式"出现的。下面两例的情况正好相反:

(12)后来,支队党委又……搭起了一个防日晒、防台风、防暴雨的"三防"菜地,保证官兵一年四季都有新鲜蔬菜吃。(《人民日报》,1995年3月22日)

(13)江苏有发展外向型经济得天独厚的条件,王荣炳代表概括为五大优势:一是区位优势。江苏处于沿海、沿江、沿边"三沿"地带,又受到浦东开发较强的辐射。……(《人民日报》,1995年3月17日)

(12)—(13)中,"三防"的对应形式是"防日晒、防台风、防暴雨","三沿"的对应形式是"沿海、沿江、沿边"。二者都是作为各自对应的数括词语的上位修饰成分而先于数括词语本身在语篇中出现的。

数括词语与相应的词语、句子或语段,从宏观的角度看是一种同现关系;从语篇内部看,则没有固定的先后顺序。这与缩略词语与其原式之间严格的先后顺序,即原式产生在先,缩略形式产生在后,形成了鲜明的对照。

其次,数括词语的"原式"既可以是一组并列的词、短语或句子,也可以是一个完整的句子,还可以是一组平行的句群或段落,乃至整个语篇。例如,(12)、(13)两例中,与"三防"相对的是三个并列的述宾短语,与"三沿"相对的是三个并列的介词短语。下面三例的情况则完全不同：

> （14）按照国务院规定，森林防火实行省长、市长、县长和乡长"四长"负责制，这是近几年我们做好森林防火工作的一条基本经验。（《人民日报》，1995年3月30日）
>
> （15）国家把"四个同一""三个平均""一个幅度"作为从量化方面界定暴利的原则，省、市、自治区政府可以根据这一原则，测定、制定量化标准……（《人民日报》，1995年3月22日）
>
> （16）我们"熊猫"电子产品及"熊猫"商标自问世至今38年来所以能信誉不衰，主要是做到了"三个坚持"：一是坚持质量第一。……二是坚持技术进步。……三是坚持服务第一。……（《人民日报》，1995年2月14日）

（14）—（16）中，与"四长"对应的则是"省长、市长、县长和乡长"四个并列的词；与"四个同一""三个平均""一个幅度"对应的是上文中提到的"某种商品的价格水平、差价率、利润率不得超过同一地区、同一时期、同一档次、同种商品的市场平均价、平均差价率、平均利润率的合理幅度"。这在原句中是一个主谓短语，单独提取出来则可以构成一个完整的句子；与"三个坚持"对应的，表面上看，似乎只是三个以"坚持"为公因子的三个并列的句子，但三个句子分别是三个平行段落的主题句，"三个坚持"实际上对应着三个完整的段落，只是限于篇幅，没有在引文中给出而已。

如果缩略词语的"原式必须是现代汉语中目前仍在使用着的词语"（曹炜，2003），那么，这样的词语必须是作为一个整体使用的。但与数括词语对应的，要么是一组平行的段落，要么是一个完整的句子，要么是一组平行的词或短语。我们很难把这些可能的对应形式说成是"现代汉语中目前仍在使用着的词语"。且不说数括词语对应的"原式"千差万别，即使这个"原式"只是一组平行的词或短语，也不能保证这样一组词或短语中的各并列成分经常按同样的结构关系和顺序使用。实际上，汉语数括词语的所谓"原式"中各并列项的聚集同现，通常都是临时的，具体的，是在具体的话语或语篇环境中的同现。一般来说，一旦相应的数括词语流传开来，为社会所接受，与之对应的并列各项，除非需要对数括词语进行解释，不然便不大可能再作为一个整体使用了。如我们把我国大陆与台湾之间的"通商、通邮、通航"概括为"三通"之后，"通商、通邮、通航"便很少作为一个整体使用了。这与缩略词语与原式都可以脱离具体的语篇环境各自独立使用完全不同。另外，形式上完全相同的数括词语，由于话语或语篇环境发生了改变，其对应的所谓"原式"可能完全不同。例如同是"三通"，对应的"原式"可能是"通商、通邮、通航"，也有可能是"通路、通水、通电"。同样的例子还有"三高"。例如：

（17）被称为"三高"女性的她们活跃在各行各业，数量越来越庞大。（https：//baike. baidu. com/item/%E4%B8%89%E9%AB%98%E5%A5%B3/8268193）

（18）在我国，"三高"更是以其高患病率、高危险性、高医疗费用著称。（https：//www. ys137. com/zyys/52322. html）

"三高"在（17）中指高学历、高职务、高收入，而在（18）中则指高血压、高血脂、高血糖，在合适的语境中也许还可以指高学历、高知识、高要求、高学历、高收入、高地位、高收入、高学历、高个子等，具体指什么，全凭具体的话语或语篇环境决定。

再次，数括词语和缩略词语的结构成分来源不同。缩略词语的结构成分源自同一个短语，如"土地改革"的缩略形式"土改"的两个结构成分是分别从"土地"和"改革"中选取的，"奥委会"则有三个结构成分，分别来自"奥林匹克运动委员会"不同结构层次的三个结构成分。典型的数括词语则只有两个直接成分：一个是数括词语的限定成分，另一个是数括词语的受限成分。其中，限定成分是表示数括词语初始表达式中并列各项数的数词或数量短语，不是并列各项的原有成分。受限成分则有两个来源，一是一组并列的词、短语、句子或语段的公因子，如（14）中的"四长"中的"长"就是"省长、市长、县长、乡长"的共同语素；二是从特定角度出发对一组特定事物或现象某方面属性的概括，也是全新的语素、词或短语，如"四害""六书"中的

"害"和"书"。

最后，正如曹炜（2003）所言，"缩略形式必须是由原式通过缩减法而形成"，也就是说，缩略词语的形成过程是一个缩减的过程。曹炜先生虽然没有具体说明究竟是如何"缩减"的，但从他列出的缩略词语的三个必备条件看，所谓"缩减"应该是保留原式的一些成分，略去其他成分。数括词语的形成过程则是一个概括过程，或者是对与之对应的一组词语、句子或语段的语义内容进行概括，或者是从特定的角度对一组特定事物或现象的某方面属性做出的概括。

用缩略词语必须具备的三个条件（实际上是四个条件）来衡量，数括词语不属于汉语缩略词语的范畴，我们没有理由简单地将其作为缩略词语的一个特殊小类看待。

第四节　小结

本章从概括对象、概括过程、结构成分等角度对数括词语进行聚焦考察，在考察的基础上，对数括词语与各种疑似结构进行比较，明确了数括词语的内涵和外延。然后又根据数括词语受限成分与初始表达式中并列各项的关系，把数括词语划分为形式概括型、语义概括型和形、义概括兼顾型三类，发现三类不同的数括词语在表义机制和指称方式上明显不同。这是否也意味着它们在句法功能、篇章功能、修辞价值方面也有明显差别呢？对此，我们将在后面相关章节中进行考察。

第二章

形式概括型数括词语

　　第二章里，我们根据充当数括词语受限成分的语言单位与初始表达式之间的关系，将汉语数括词语分为形式概括型、语义概括型和形、义概括兼顾型三类。这样划分数括词语是否科学、合理？检验的标准只有一个，即划分是否反映数括词语的本质，是否有助于考察数括词语的句法、篇章功能和修辞价值，是否有助于揭示数括词语与通常所说的缩略词语的联系与区别，从本章开始，我们就按照邢福义先生（1990）两个"三角"思想中小三角的要求，分别对三类数括词语进行更为深入、细致的考察。这里先考察形式概括型数括词语。

第一节　形式概括型数括词语的受限成分

　　形式概括型数括词语的受限成分是三类数括词语中最为复杂的，既是形式概括型数括词语赖以发挥其句法、篇章功能，体现其修辞价值的内因和基础，也是形式概括型数括词语区别于其他两类数括词语的关键。

一　形式概括型数括词语受限成分的特殊性

　　形式概括型数括词语的受限成分相当于普通定中短语的中心语，但与后者相比明显具有特殊性，主要表现为三个方面。一是所属层级的多样性，二是语法功能的多样性，三是表义上的求补性。

　　（一）所属层级的多样性

　　语言系统包含着各种各样的语言单位，它们大小不同，性质各异，分别属于语言符号的下层和上层（邢福义、汪国胜，2002）。下层是语言符号的形式层，包括音位和音节。语言符号的下层只有音响形式，不表示任何意义。上层是语音和语义结合的符号和符号组合层，包括语素、词、短语和句子。符号和符号组合都是音义结合的单位，既有形式又有意义。充当形式概括型数括词语受限成分的语言单位可以是处于符号组合层的语素、词或短语，也可以是处于形式层的音节，表现出层级的多样性。例如：

（1）广西成功地举办了全国民运会，有五个没想到：没想到开幕式那么成功；没想到精神文明搞得那样出色；没想到民运会影响面那么广。（《人民日报》，1995 年 3 月 13 日）

（2）辽宁省海城市委、市政府鼓励农民发展规模生产，实行企业带户、协会带户、市场带户的"三带户"措施，收到很好的效果。（《人民日报》，1995 年 2 月 10 日）

（3）大家认为，新形势下贯彻民主集中制，要坚持做到"四个必须"。（《人民日报》，1995 年 3 月 20 日）

（4）中国的半岛战略应该是超越现实主义的"三促"：促成半岛的繁荣与稳定，促使朝鲜改革开放，促进半岛统一。（联合早报网，http：//www.zaobao.com/）

（5）一项发明创造，必须同时具备"三性"才能获得专利权。这"三性"是：新颖性，是指这一发明创造是最新的、前所未有的，在申请日之前未公开使用过，也未被社会所公知。创造性，是指同申请日以前已有的发明创造相比较，该发明创造具有实质性的创新。实用性，是指该发明创造能在生产实际中应用。（《人民日报》，1995 年 3 月 27 日）

（1）—（5）中，"五个没想到"的受限成分是"没想到"，为状中短语；"三带户"的受限成分"带户"，单独看似乎难以理解，但在其自身语境中则是一个意义明确的动宾短语；"四个必须"的受限成分"必须"为词；"三促"和"三性"的受限成分"促"和"性"，在相应初始表达式中为语素。

语素分为自由语素、半自由语素和不自由语素。在一定的条件下，这些不同类型的语素大多可以作为初始表达式中并列各项的公因子，因而有可能成为形式概括型数括词语的受限成分。例如：

（6）全镇 5888 名育龄妇女，人均收入 1500 元以上。96 个中心户中，已有一半达到"三高"。（《人民日报》，1995 年 1 月 10 日）

（7）河北省三河市供电局采用国内外先进技术设备，在一年的时间里，先后建起三个"四遥"无人值班变电站。（《人民日报》，1995 年 1 月 6 日）

（8）《决定》强调，各级党委选用干部必须全面正确地贯彻干部队伍"四化"方针和德才兼备原则，把革命化摆在首位。（《人民日报》，1995 年 1 月 7 日）

（6）—（8）中，除"三高"（计划生育自觉性高、致富技术水平高、人均收入高）的受限成分由单音节词"高"充当外，"四遥"和"四化"的受限成分都是由语素充当的。其中，"遥"为半自由语素，"化"为不自由语素。三个语素中，"高"和"遥"具有完整的词汇意义，"化"则仅具语法意义，在名词或形容词之后表示状态或性质的变化。[1]

音节不单独表示意义，但在一定的条件下同样可以成为形式概括型数括词语的受限成分。从现有语料看，充当形式概括型数括词语受限成分的音节都是音译外来词的拟音成分。例如：

（9）两德对统一问题各执己见。民德强调"两个国家、两个民族"，因社会制度不同而形成社会主义民族和资本主义民族。联邦德国坚持"两个国家、一个民族"，认为德国问题悬而未决。（马克思主义研究网，http：//myy. cass. cn/）

（10）"双布"终于会面，见面时间长达 3 个半小时。据说他们的谈话核心就是一直以来"毒害"两人关系的关键问题：布莱尔

---

[1]　参见《现代汉语词典》（第五版），商务印书馆 2007 年版。

何时履行诺言，交权给布朗。（新华网，http：//news. xinhua-net. com/）

（9）—（10）中，"两德"指德意志社会主义民主共和国、德意志联邦共和国；"双布"指"布朗"和"布莱尔"。"德"和"布"都只是多音节语素中的一个音节①，作为单纯的表音成分，不表示任何意义。

一组多音节语素中，选取哪一个音节作为公因子充当相应数括词语的受限成分并不是一成不变的。初始表达式中并列各项的情况不同，提取出来作为受限成分的表音成分也会有变化。例如：

（11）"双特会"会让英美贸易进一步升级吗？（http：//forex. cngold. com. cn/20170125d1710n119092767. html）

（12）美俄两国各说各话，究竟向外释放了几层意思。难道这场期待已久的双普会要黄了吗？（https://baijiahao. baidu. com/s? id= 1616500325931142144&wfr=spider&for=pc）

（11）—（12）中，"双特"指美国总统特朗普和英国首相特蕾莎·梅；（双普）指美国总统特朗普和俄罗斯总统普京。同是特朗普，但由于初始表达式中与"特朗普"并列的另一项发生了变化，所以"双特"的受限成分用的是"特"，"双普"用的是"普"。这也说明，形式概括型数括词语很多时候是不能脱离具体的语篇环境而独立使用的。

另外，充当数括词语受限成分的音节都是音译外来专有名词的拟音成分，在初始表达式中作为拟音成分看待似乎没有太大的问题，但在其他场合，如"中德贸易""中英关系"中的"德"和"英"，应该如何看待，恐怕会有不同意见。

有些拟音成分进入汉语后在频繁地使用过程中实际上已经获得了语素或者说准语素的地位（吴思聪，2002）。例如：

吧：从"酒吧"（bar）而来，现在成了"网吧""迪吧""氧

---

① "布朗"和"布莱尔"分别是 Brown 和 Blare 两个专名的音译。

吧""水吧""吧台""吧柜"等的构词成分，已经获得"某种休闲娱乐或消费场所"的意义。

卡1："卡车"（car）的表音成分，现在有"皮卡"（pick-up）、"小卡""大卡"等。"卡"具有"货车"之义。

卡2："卡片"（card）的表音成分，在"IC 卡""信用卡""会员卡""答题卡""机读卡""显卡""声卡""网卡""电话卡""智能卡"（smart card）等词里，已经引申为"大小、形状等类似卡片的东西"。①

这类获得准语素地位的拟音成分具有较强的能产性。由于位置固定，以公因子身份成为数括词语的受限成分的可能性很大。例如，在合适的语境中，我们完全可以把网吧、氧吧和水吧合称为"三吧"，把皮卡、大卡、小卡合称为"三卡"。这时，把"三吧"和"三卡"纳入形式概括型数括词语的范畴就显得不大合适了，因为"吧"和"卡"都已在长期的使用过程中获得了一定的词汇语义，属于名词性语素，在这里完全可以作为"网吧""氧吧""水吧"和"皮卡""大卡"和"小卡"的上义成分使用。

"两德"（东德、西德）和"双布"也存在类似问题。如果把"德"和"布"看成类似汉语的名词性语素或姓氏的成分，则把"两德"和"双布"纳入形式概括型数括词语的范畴也会显得有些勉强。这里把它们作为形式概括型数括词语，纯粹是从"德"和"布"最初都是拟音成分这一角度进行观察的结果。

（二）句法功能的多样性

从功能类型看，充当形式概括型数括词语受限成分的语言单位可以是体词性成分、谓词性成分和虚词性成分，具有语法功能类型上的多样性。

1. 体词性成分

能够充当形式概括型数括词语受限成分的体词性单位主要是个别单

---

① 以上各例均引自吴思聪（2002）。

音节方位名词、数词①及个别量词。例如：

（13）河南省教委主任亓国瑞告诉记者，全省围绕"教育落实年"活动？……有计划地组织各级各类学校开展"三百活动"，即向学生推荐百部优秀影视片、百首优秀歌曲、百本好书。（《人民日报》，1995 年 2 月 17 日）

（14）令人回味的是，毛主席称赞徐特立的"革命第一，工作第一，他人第一"，同时也尖锐指出了"有些人却是风头第一，休息第一，与自己第一"。（亦非《毛主席赞徐特立三个"第一"催人奋发》）

（15）目前，在北京、上海、天津等大城市在一些社会群体中，已经开始出现所谓更新的"新三件"，如高级组合音响、摄像机、超大屏幕高保真立体声电视机。（《人民日报》，1995 年 4 月 3 日）

（16）二十一条是日本帝国主义以吞并中国为目的而强加于中国的单方面"条约"。（百度百科，http：//baike. baidu. com/view）

（17）余平生所作文章，多在三上，乃马上、枕上、厕上；盖为此，尤可以属思尔。（欧阳修《归田录》）②

（18）他们抓住中央支持的机遇，在利用"三西"资金的同时，挖掘省地县三级筹集资金和广大农民投二投劳的潜力，努力增加灌溉面积。（《人民日报》，1995 年 11 月 12 日）

（13）—（18）中，"三百"和"三个第一"的受限成分"百"和"第一"，一个是基数词，一个是序数词；"新三件"和"二十一条"的受限成分分别为"件"和"条"，均为量词；"三上"和"三西"的受限成分"上"和"西"为方位名词。

---

①　关于数词的分类，目前还没有定论。方绪军（2000）认为，数词是一个语法概念，是由"零、一、二、三、四、五、六、七、八、九"及"十、百、千、万、亿"等少数成员组成的一个封闭的集合。数词的作用之一是构成数词短语，表示数目、小数或分数、序数等。这里不作上述区分，不管是表示基数、序数还是分数，都称为数词。从现有的语料看，能够充当形式概括型数括词语的受限成分的主要是基数词中表示整数、分数和序数的数词。

②　见《辞源》，商务印书馆 1983 年版。

2. 谓词性成分

谓词性成分一般情况下不能与数词或数量短语组合成定中结构，但在数括词语中却不受此限，都可以以公因子的身份成为形式概括型数括词语的受限成分。例如：

（19）然后，开展"三清三查"，即清项目，查依据；清款项，查标准；清开支，查去向，对全县 11 个群众反映突出的乡镇，组织专门班子进行重点清理。（《人民日报》，1995 年 4 月 2 日）

（20）重庆经济实现双突破：国内生产总值突破 500 亿，工商各税突破 50 亿。（《人民日报》，1995 年 12 月 2 日）

（21）"群众三知"，就是针对当地不少群众有困难不愿意向别人说的特点，要求让群众知道政府在关心他们，知道有困难要及时向什么地方什么人反映，知道在什么地方能领到政府发放的救济粮款。（《人民日报》，1995 年 1 月 2 日）

（22）内蒙古绰尔林业局……在大兴安岭林区内率先实现"三不欠"。即：不欠国家利税、不欠林管局的上缴、不欠职工工资，使企业走出困境。（《人民日报》，1995 年 12 月 2 日）

（23）去年农垦系统加快了改革开放和结构调整的步伐，农业改革抓了"四到户"（土地承包到户、核算到户、盈亏到户、风险到户），"两费自理"（生产费、生活费自理）、试行土地租赁制等。（《人民日报》，1995 年 1 月 9 日）

（24）全镇 5888 名育龄妇女，96 个中心户中，已有一半达到"三高"（计划生育自觉性高、致富技术水平高、人均收入高）。（《人民日报》，1995 年 1 月 10 日）

（19）—（24）中，"三清三查""双突破"的受限成分"清""查"和"突破"在各自对应的初始表达式中均为动词；"三知"的受限成分"知"是"知道"的构词成分，为动词性语素；"三不欠"和"四到户"中，"不欠"和"到户"为动词性短语；"三高"中，"高"在初始表达式中为形容词。"清""查""突破""知""不欠""到户"和"高"均为谓词性成分。

3. 虚词性成分

虚词性成分通常也不与数词或数量短语发生直接的组合关系，只有在数括词语中例外。这样的虚词性成分主要是部分副词、介词和个别连词。例如：

（25）他们……开展"三互对子"活动，两个党员结成一对，互帮、互学、互相监督。（《人民日报》，1995年4月2日）

（26）集具体、生动、形象于一体的中国少年"五自"丛书《跨世纪的一代》，已由陕西未来出版社出版。本套丛书共分自学、自强、自理、自律、自护五卷，分别由孙云晓、刘保法等人编写。（《人民日报》，1995年3月20日）

（27）环保专项行动的具体目标是，重点监管企业稳定达标排放率提高到90%以上，环保"三同时"制度执行合格率达到90%以上。（《国务院办公厅关于深入开展整治违法排污企业、保障群众健康环保专项行动的通知》）

（28）从此，"三就地"的束缚被冲破了，全国乡镇企业的发展从东向西、自南而北梯次展开，出现了第一次大的飞跃。（《人民日报》，1995年1月1日）

（29）人们多希望福岛的三个"如果"都是永远也不会实现的假设啊！（《福岛的三个"如果"》，人民网，http：//world.people.com.cn/）

（30）据施工单位介绍，事件发生后，这幢大厦的业主沪港合资上海锦海房地产发展有限公司居然让施工单位不上报，不停工，按边浇筑、边观察、边处理的"三边"方针继续施工……（《人民日报》，1995年10月11日）

（31）大家对"从难、从严、从实战出发，进行大运动量训练"的"三从一大"并不陌生，这也是我国体育健儿早年在世界体坛立足的一大法宝。（《解放军报》，2003年1月13日）

（32）江苏有发展外向型经济得天独厚的条件，王荣炳代表概括为五大优势：一是区位优势。江苏处于沿海、沿江、沿边"三沿"地带，又受到浦东开发较强的辐射。（《人民日报》，1995年3

月 1 日)

（25）—（32）中，"三互""五自"的受限成分"互"和"自"在相应的初始表达式中为副词性语素；"三同时""三就地"中，"同时"和"就地"是副词；"三个'如果'"和"三边"中，"如果"在初始表达式中为连词，"边"为副词；"三从一大"和"三沿"中，"从"和"沿"都是介词。

4. 不表示意义的音节和意义已经完全虚化的不自由语素

形式概括型数括词语的受限成分还可以是以公因子形式出现的音节和一些词汇意义已经完全虚化的不自由语素。由于不单独表达词汇意义，也不参与句法运作，已经完全虚化了，所以，不论归入哪一个功能类型都不合适。由音节充当受限成分的情况前面已经讨论过，这里不再赘述。下面仅举两个由不自由语素充当受限成分的例子：

（33）我们要长期坚持下去，一抓到底，抓出成效来，把我市"三化"和"三优"提高到一个新的水平，更好地为特区改革服务。（《深圳特区报》，1989 年 5 月 31 日 ）

（34）据了解，竞赛作品要体现"自己选题、自己设计和研究、自己制作和撰写"的"三自原则"和"科学性、先进性、实用性"的"三性原则"。（陕西在线，http：//shaanxi.cctv.com/）

（33）中，"三化"的受限成分"化"为"绿化、美化、净化"的公因子，只有语法意义，加在名词、形容词之后构成动词，表示转变成某种性质或状态；（34）中，"三性"指科学性、先进性、实用性，在相应初始表达式中也只表示语法意义，作用是在名词、动词或形容词之后，表示事物的某种性质或性能。

（三）表义上的求补性

充当形式概括型数括词语受限成分的公因子离开原有句法环境进入数括词语后，由于失去原有组合对象的支撑而在语义、句法上难以自立。所以，所谓表义上的求补性，简单地说，就是充当数括词语受限成分的公因子表义上对外部成分的依赖。所谓"外部成分"是指数括词语结构成分之外的成分。例如：

（35）《决定》强调，各级党委选用干部必须全面正确地贯彻干部队伍"四化"方针和德才兼备原则，把革命化摆在首位。（《人民日报》，1995 年 1 月 7 日）

（36）德阳总结出的"四个优化"的经验，抓住了搞好企业的一些关键性问题，值得认真学习和参考。（《人民日报》，1995 年 1 月 13 日）

（35）中，"四化"以"化"为受限成分，指革命化、年轻化、知识化、专业化。"化"在初始表达式并列各项中均为后缀，义为"具有某种性质"，只能附着在名词或形容词之后，但作为数括词语的受限成分，由于与初始表达式中的并列各项分离而失去了表义的完整性，由此产生了对其在初始表达式中的黏附对象的依赖。另外，"化"作为一个构词语素，通常是不能独立充当句法成分的，但在"四化"中的地位却相当于普通定中短语的中心语，只是为了便于区分而被叫作"受限成分"。（36）中"四个优化"的受限成分为"优化"，本为及物动词，需要支配一定的体词性成分，与一定的体词性成分结合。提取出来作为"四个优化"的受限成分后，由于脱离了原来的句法环境，与原有的体词性成分分离而产生了求补性。

外部成分，即数括词语内部结构成分之外的成分，可以是句内的成分（即与数括词语同在一个句子内），可以是句外成分，甚至也可以是篇外成分。例如：

（37）北京军区部队各级领导干部紧密联系实际，普遍开展了查思想、查纪律、查思想作风、查精神状态、查群众观念的"五查"活动。（《人民日报》，1995 年 3 月 31 日）

（38）具体来说，就是要做到"三个结合"：一是改造与开发相结合……；二是科研与生产相结合……；三是外引和内联相结合，建立发展高新技术的经济实体。（《人民日报》，1995 年 1 月 1 日）

（39）江西省各级党政机关又派出万名干部下乡驻村包点……力争三年内，使全省二千一百个后进村实现中央提出的农村基层组织建设"五个好"的目标。（《人民日报》，1995年2月25日）

（37）—（39）中，"五查"的受限成分"查"的表义有赖于同在一个句子内的"思想、纪律、思想作风、精神状态、群众观念"；"三个结合"所依赖的成分位于句外；"五个好"则依赖于篇外的某个文本，因为在题为"加强农村基层组织建设工作在全国展开，各地抽派45万机关干部下乡驻村"的报道中，没有提到"五个好"的具体内容，即没有出现"五个好"的初始表达式。

数括词语受限成分的求补性可以是语义上的，也可以是语法上的。语义上的求补性主要取决于充当受限成分的语言单位的配价。

所谓配价，本来是一个化学概念，指一个原子所能化合或置换的原子数，作为语法概念，通常用以表示动词支配或结合的名词性词语的数量。例如，在"她给了我一支笔"中，动词"给"的配价为三，因为"给"在"她给了我一支笔"中与三个名词性词语，即"她""我"和"一支笔"都有语义上的关联。

动词要求支配或与之结合的名词词组也叫论元，即被指派了论旨角色的名词短语（顾阳，1994）。可见，配价实际上就是动词所要求的论元的数量，反映了动词在句子中的核心地位。

配价的概念本来是专就动词而言的，但实际上并不仅限于动词。陆俭明（2003）、奥田宽（1983）以及刘丹青（1987）等都曾指出，形容词也有指派论元的能力，即也有配价。一价形容词要求必须有一种性质的名词性短语与之结合或关联，二价形容词要求必须有两种不同性质的名词性短语与之结合或关联。

不仅如此，名词实际上也有配价的问题。名词的配价通常表现为与另外一个名词语义上的依存关系（袁毓琳，1994）。有的名词是一价的，如"哥哥""弟弟""姑父""姑姑"等表示亲属称谓的名词，"质量""脾气"等表示属性的名词，以及"头""上游"等表示部件的名词。有的名词是二价名词，主要是表示情感、态度；方针、政策；论点、见解及作用、意义等的名词（袁毓琳，1998；李晓荣，2000），如"感情""偏见""疗效"等。

实际上，介词也有配价。高辉（2008）把论旨叫作题元，把论元定义为"题元角色的承担者"，即与谓语相关的名词短语，指出："介词也有论元结构，其论元结构中常带有两个论元，能分派两个题元角色。"这也就是说，介词也有配价，而且通常是二价的。

语法上的求补性主要决定于充当受限成分的语言单位进入句子后发挥语法功能的内在需求。如果配价可以理解为词语之间语义上的依存关系，反映了一个语言单位与其他语言单位组合成为句法结构的能力，那么，副词、连词及语素也有与其他语言单位组合的内在需求。也就是说，它们一旦进入动态的使用过程，即言语过程，就需要与其他语言单位组合，才能发挥作用。所以，它们的求补性主要表现为发挥语法或构词功能的内在需求。如介词必须与体词性成分结合才能表示时间、处所、方位、范围、对象、被动等意义；副词要求与动词或形容词结合；连词需要连接两个或多个其他语言单位，才能发挥连接功能；语素则需要与其他语素结合才能构成更大的语言单位。这些不同的语言单位，由于通常情况下都不以数词为组合对象，所以与数词组合为数括词语而进入篇章后，由于仍然需要其他语言单位的支撑而具有求补性。如"化"在现代汉语里是一个动词后缀，通常附着在形容词性成分或名词性成分后面构成动词性成分，如"赤+化"——"赤化""小型+化"——"小型化""儿+化"——"儿化""全球+化"——"全球化"等，但在数括词语（如"四化"）中，数词不是其附着对象，所以，仍然需要有原附着对象的支撑，表义才能做到具体、明确。

有没有求补性以及求补性的强弱是语言单位能否充当形式概括型数括词语受限成分的重要条件。例如：

（40）主任彭欣章告诉我们，今年他们在常规抓法之外还使了"绝招"：从车站、车间到班组，层层签订了确保春运不死、不伤、不着火、不爆炸、不脱轨的"五不"责任状，每人上交300元风险抵押金。（《人民日报》，1995年1月12日）

（41）我们北京一轻在改革的实践中提出了四个好：好路子、

好机制、好班子、好产品。(《人民日报》, 1995 年 1 月 15 日)

（42）静海县委……及时对农村的后进班子进行调整, 把开放型、知识型、实干型、开拓型和廉政型的"五型"人才选进村级支部挑大梁。(《人民日报》, 1995 年 1 月 31 日)

（43）重庆经济实现双突破: 国内生产总值突破 500 亿, 工商各税突破 50 亿。(《人民日报》, 1995 年 1 月 22 日)

例中, "五不""四个好""五型""双突破"的受限成分"不""好""型""突破"分别为副词、形容词、名词性后缀和动词, 如果用 NP 表示名词性短语, VP 表示动词短语, A 表示形容词, 则它们的配价可分别分析、表示为:

不: ［VP］　　好: ［NP］　　型: ［A／NP／VP／］　　突破: ［NP1 NP2］

有些纯粹的音节, 由于在长期、频繁地使用过程中受到侵染而获得了某种求补性, 也可以充当形式概括型数括词语的受限成分。如"布"本为汉译 Bush、Blair、Brown 等外来人名的拟音成分, "特"用作"特朗普""杜特尔特""特蕾莎·梅"等人名的拟音成分, 但似乎也都在使用过程中获得了相当于汉民族的姓氏的地位。所以, 媒体上经常出现"双布""双特"的用例。

没有求补性的语言单位通常不能以公因子形式成为形式概括型数括词语的受限成分。现有语料中, 没有发现代词、助词、叹词或拟声词充当数括词语受限成分的情况, 这些成分自身也不具有求补性或求补性很弱。如结构助词"的""地""得""所"; 动态助词"了""着""过"; 语气助词"吗""呢""吧", 叹词"啊""唉呀""呸"; 拟声词"砰""轰隆""哗啦", 等等, 它们基本上都没有充当形式概括型数括词语的可能。有些连词, 如"和""以及""且"等, 虽然也需要与其他语言单位结合才能发挥其语法功能, 但由于求补性太弱, 也不大可能成为数括词语的受限成分。

当然, 由于形式概括型数括词语的受限成分是初始表达式中并列各项的公因子，而并列的各项通常要求具有相同或相似的句法结构，具有一定的排比特征，因此有的语言单位虽然具有一定的求补性，但受制于自身的意义、功能及在句法结构中的线性位置，很难成为这样一组并列项的公因子，因此也不大可能成为形式概括型数括词语的受限成分，如"和""以及"等就属于这种情况。

总之，求补性是形式概括型数括词语与初始表达式实现链接的内在驱动力，也是形式概括型数括词语得以成立并发挥句法、篇章功能，实现其修辞价值的必要条件。

二　形式概括型数括词语的鉴别

如前所述，形式概括型数括词语是以初始表达式中并列各项的公因子为受限成分，但公因子与初始表达式中的并列各项之间没有上下义关系的数括词语。所以，公因子与初始表达式中并列各项有没有上下义关系，是区分形式概括型数括词语和形、义概括兼顾型数括词语的依据。充当数括词语受限成分的语言单位与相应初试表达式中并列各项之间有没有上下义关系，可以根据初始表达式中并列各项的结构类型及公因子在并列各项中的功能、作用和意义作出判断。

当初始表达式中的并列各项为非定中结构时，作为并列各项的公因子充当数括词语受限成分的语言单位在语义上通常不能涵盖初始表达式中的各并列项。以这样的语言单位为受限成分的数括词语是典型的形式概括型数括词语。例如：

（44）这几年我们江门坚持三个不牺牲：在发展工业时不牺牲农业，在发展多种经营时不牺牲粮食生产，在搞城市建设时不牺牲农民利益，所以调动了农民积极性。（《人民日报》，1995 年 3 月 10 日）

（45）江苏处于沿海、沿江、沿边"三沿"地带，又受到浦东开发较强的辐射。（《人民日报》，1995 年 3 月 17 日）

（46）"五无"农资多。一些个体户和少数集体单位销售的农资，普遍存在"无生产许可证、无质检合格证、无产品说明书、无生产厂家、无生产日期"等现象，农民中吃亏上当者不少。（《人

民日报》，1995 年 3 月 29 日）

例中，"三个不牺牲""三沿""五无"对应的初始表达式都不是定中结构。"三个不牺牲"对应三个并列的句子，公因子"不牺牲"在三个句子中都是谓语动词；"三沿"对应的是三个介词短语；"五无"对应五个动宾短语。由于相应初始表达式中的并列各项为非定中结构，公因子在并列各项中充当中心语或相当于中心语的条件不成立，所以不能与初始表达式中的并列各项构成上下义关系，"三个不牺牲""三沿""五无"都是典型的形式概括型数括词语。

初始表达式中的并列各项虽然为定中结构，但如果充当受限成分的公因子在并列各项中不是中心语或相当于中心语的成分，也不能从语义上涵盖初始表达式中的并列各项。以这样的公因子为受限成分的数括词语也是典型的形式概括型数括词语。例如：

（47）广东省把高投入、高产出、高效益的"三高"林业作为今后林业发展主攻方向。（《人民日报》，1995 年 3 月 13 日）
（48）滁州有尚未达到很好开发的"四荒"（荒山、荒岗、荒坡、荒滩）地 70 多万亩。（《人民日报》，1995 年 3 月 24 日）

例中，"三高"和"四荒"对应的初始表达式虽然各为一组并列的定中结构，但充当受限成分的公因子"高"和"荒"在相应的定中结构中都不是中心语或相当于中心语的成分，所以不能从语义上对并列各项进行概括。"三高"和"四荒"也是典型的形式概括型数括词语。

另外，汉语的词缀①较为丰富，其中很多只能附着在其他语素后面，作为后缀使用，构成附加式词语。这类后缀，有的已经完全虚化，除表示一定的语法意义外，已不具词汇意义，一般读轻声。如"房子""孩子"中的"子"及"石头""榔头"中的"头"。如果公因子为意义已

---

① 词缀，是与其他语素组合成词时位置固定的语素。只能在前的叫前缀，如"老鼠""老虎"中的"老"；只能在后的叫后缀，如"钳工""技工"中的"工"，只能在中间的叫"中缀"，如"糊里糊涂"里的"里"。任学良先生（1981）按照附着位置分别把词缀叫作"词头""词嵌"和"词尾"，邢福义、汪国胜先生主编的《现代汉语》（2003）则称"不自由语素"。

经完全虚化的后缀，显然也不能在语义上涵盖初始表达式中的并列各项。例如：

(49)"仅这点票子，离我的'五子登科'，还差十万八千里呢！……哎！"听着他无奈地轻叹，我想到了写这篇文字。(文青《与时俱进的"五子登科"》，八斗文学，http：//www.8dou.net/html/article)

(50)改编《三国演义》打破了某些人关于票房的童话，不靠一脱二"头"(拳头、枕头)，一样可以赢得观众。(《人民日报》，1995年3月6日)

(49)—(50)中，"五子"指80年代以后，很多人经常挂在嘴边的<u>房子、车子、票子、儿子、帽子</u>。充当受限成分的"子"在并列各项中仅具语法意义，语义上不能涵盖"房子""车子""票子""儿子"和"帽子"；"一脱二头"中，"二头"指<u>枕头、拳头</u>，"头"与"枕头""拳头"之间也不存在上下义关系。因此，"五子"和"一脱二头"也都是典型的形式概括型数括词语。

第二节　形式概括型数括词语的句法功能

如果仅从结构类型看，形式概括型数括词语与普通定中短语完全一致，但从充当中心语或受限成分的语言单位看，形式概括型数括词语与普通定中短语又有很大的差别。普通定中短语的中心语都由名词性成分充当，整个短语的语法功能决定于中心语，与充当中心语的名词性成分相同。形式概括型数括词语虽然也是一种定中结构，但相当于中心语的受限成分可以由各种不同性质的语言单位充当。这样的语言单位可以是语素、词或短语；可以是词汇意义已经完全虚化的词缀，甚至可以是只表音不表义的音节；可以是名词性的、动词性的、形容词性的、副词性的，甚至可以是不能充当句子成分的虚词性成分。如果形式概括型数括词语也像普通定中短语那样，整个结构的句法功能决定于相当于中心语的受限成分，那形式概括型数括词语还是不是一种名词性结构呢？其语义角色又有何特殊之处呢？考察数括词语的句法功能，有利于认识数括词语的本质。

作为一种典型的分析性语言，汉语缺乏必要的形态变化可以支撑从形式上对词语的性质或句法功能进行判断。形式概括型数括词语究竟是不是一种名词性成分，关键还要看其在句子中能担当什么样的句法成分。从现有的用例看，形式概括型数括词语可以充当多种不同的句法成分。

一　充当普通定中短语的中心语

形式概括型数括词语本身是一种定中结构，但作为一个整体又可以充当普通定中短语的中心语。

这里的中心语是相对于定中短语的修饰、限定成分而言的，在很多情况下是与主语、宾语这类通常由名词性成分充当的句法成分重合的，这里专门提出来讨论，目的在于凸显形式概括型数括词语可以以非名词性成分充当受限成分，而作为一个整体又可以作为名词性成分使用的特征。

1. 前加指示代词"这"

形式概括型数括词语前可以加指示代词"这"，构成以形式概括型数括词语为中心语的普通定中短语。例如：

(1) 其实要说这三不，阿扁真该问问他女婿。去年这时候，赵医师那才真是不方便、不舒服、不满意吧！(中国台湾网，http：//2006. chinataiwan. org/)

(2) 这三性会使其竞赛活起来，能将观众吸引到自己周围。(《人民日报》，1995 年 1 月 3 日)

(3) 抓好这三个建设，可以提高农业的综合生产能力、市场应变能力和农业科学化程度。(《人民日报》，1995 年 5 月 9 日)

(1) 中，"三不"，前加指示代词"这"，特指已在前文中提到过的"三不"指（不方便、不舒服、不满意）；(2) 中，"这'三性'"特指前文已经明确的观赏性、可比性、实用性。(3) 中，"三个建设"，前面加"这",特指前面列出的<u>农田水利设施建设，农产品储运、加</u><u>工、销售设施建设，科技、教育、信息设施建设</u>。"三不""三性"和"四个建设"，前面去掉"这"，不改变两个数括词语的指称对象，全句的意义和真值也不发生改变。

2. 受"新""老""大""小"等形容词修饰

形式概括型数括词语可以受"新""老""大""小"等形容词修饰，充当定中短语的中心语。例如：

（4）阿扁恼羞又不敢成怒，只好发明"新三不"：不方便、不舒服、不满意；且把个人的受挫，推说是对"两千三百万人民的处罚"云云。（中国台湾网，http：//2006. chinataiwan. org/）

（5）11 月 7 日，马英九在"老三不"（"不统、不独、不武"）基础上提出"新三不"，即"不排斥统一、不支持'台独'、不使用武力"。

（6）从老三件到新三件，是小康路上的变奏曲，也是党的富民政策给群众生活带来的巨大变化。这种变化，和谐、持续而又温暖。（每日甘肃，http：//gansu. gansudaily. com. cn/）

（7）"大三通"架构两岸关系新局。（新京报，http：//news.qq. com/）

（8）从长远看，"小三通"有助于福建与金、马地区及台湾的人员往来与交流，推动两地经济的发展。（国际在线，http：//gb1. chinabroadcast. cn/）

一个数括词语可以用"新"来修饰，意味着还有一个"老"的或者"旧"的同形数括词语；以"大"为定语，意味着还有一个可以用"小"来描述的同形数括词语，反之亦然。这时，"新""老""大""小"等形容词具有区别作用。

形式概括型数括词语有时也可以以其他形容词或其他性质的结构为修饰、限定成分，构成定中短语，本身则作为定中短语的中心语。例如：

（9）当务之急，国民党当局必须顺应民心，消除各种人为、不合情理的障碍，使两岸人员得以双向对等往来；使目前半明半暗的三通变成公开、直接、合法的三通。（国际在线，http：// gb1. chinabroadcast. cn/）

（10）交通部发言人在答《人民日报》记者问时指出，海峡两岸的"三通"已是不可逆转的历史潮流。（同上）

（9）中，两个"三通"分别受"半明半暗"和"公开""直接""全面"修饰，构成两个定中短语；（10）中，"三通"则以"海峡两岸"为领属定语。

充当定中短语的中心语是名词性成分的典型特征。形式概括型数括词语可以作为普通定中短语的中心语使用，充分显示了自身的名词性特征。

二　充当宾语

充当宾语，包括代词宾语和动词宾语，是名词或名词性成分的典型特征之一。形式概括型数括词语可以直接跟在介词后面构成介宾结构。例如：

（11）我们区委、区政府经过深入调查研究，决定……对"三乱"，特别是乱收费进行真抓实治。（《人民日报》，1995 年 3 月 11日）

（12）结合企业实际，强调以"三个有利"为标准，实行"三破三立"，破小步渐进思想，立几年上一个台阶的思想。（《人民日报》，1995 年 3 月 14 日）

（13）不少同志还认为，除三个到位外，还要加一个领导到位。（《人民日报》，1995 年 4 月 24 日）

（11）—（13）中，"三乱"充当介词"对"的宾语；"三个有利于"充当介词"以"的宾语；"三个到位"充当"除"的宾语。另外，形式概括型数括词语还可以充当动词的宾语。例如：

（14）这位从苏北田野上走来的人大代表说，眼下乡亲们有三盼：一盼继续减轻负担，特别是那些隐形负担；二盼加大农业投入，真正把重视农业落到实处；……（《人民日报》，1995 年 3 月 4 日）

（15）全国人大常委会副委员长、民革中央主席李沛瑶今天在此间呼吁台湾当局……积极推动两岸各项交流，争取早日实现"三通"，促进祖国统一。（《人民日报》，1995 年 1 月 20 日）

（16）他认为，目前台湾当局对待"三通"的做法太消极、保守。（《人民日报》，1995 年 5 月 9 日）

（17）这样，使重点开发小区获得启动资金，实现动拆迁和"七通一平"，以便招商引资进行土地滚动开发。（《人民日报》，1995 年 4 月 27 日）

（18）南昌市一千六百多名机关干部，自带行李下乡，与基层干部和农民群众实行三同。（《人民日报》，1995 年 2 月 25 日）

（14）—（16）中，"三盼"和"三通"分别充当动词"有"和"实现""对待"的宾语；（17）—（18）中"七通一平"和"三同"分别充当动词"实现"和"实行"的宾语。

三　充当主语

充当主语，成为主谓结构的两个直接成分之一，也是名词性结构的特征之一。形式概括型数括词语也可以充当主语。

（19）"两通"是生产和消费之间、城市和乡村之间、地区和地区之间的纽带。（王均熙《现代汉语略语词典》）

（20）所谓"三高"，就是在规划、开发、建设管理过程中，始终按高起点、高标准、高效能来要求；所谓"三化"，就是按绿化、美化、净化的高标准进行现代化城镇建设。（《人民日报》，1995 年 4 月 20 日）

（19）—（20）中，"两通"和"三高""三代"都充当主语，但都是作为被定义或解释的对象出现的。

四　充当定语

定语是定中短语的两个直接成分之一，起修饰、限定中心语的作用。定语可以划分为多种不同的语义类型，表示与中心语之间的不同语义关系。定语可以由多种不同性质的成分来充当，其中包括名词和名词性成分。作为一种定中结构，形式概括型数括词语本身也可以充当定语，与所修饰的中心语一道构成一个更大的定中短语。例如：

（21）一切从实际出发，客观公正地分析问题的因果关系，用三个有利于的标准衡量是非得失。（《人民日报》，1995 年 3 月 16 日）

（22）当时，由于资金短缺、条件简陋，人们对该公司能否生存持怀疑态度，可是李伯刚凭着惊人胆略，提出了"三高""一拉""一合"的措施。（《人民日报》，1995 年 1 月 22 日）

（23）这也是祖国大陆第一次明确"三通"的内容，即由 1979 年的"通航通邮"与"经济交流"概括为"通邮、通商、通航"。（中国网，http：//www.china.com.cn/）

（21）—（23）中，"三个有利于的标准""'三高''一拉''一合'的措施"和"'三通'的内容"都是典型的定中结构，都是由形式概括型数括词语充当定语的。其中，"三个有利于"和"三高""一拉""一合"是涵义定语（即定语表示中心语所指事物的特定涵义），涵义定语有时也叫同位定语，说明作为涵义定语的"三个有利于"和"三高""一拉""一合"的内容分别与各自修饰、限定的中心语相同。

五　充当谓语

充当谓语是动词或动词性结构的主要句法功能，但一些由谓词性成分充当受限成分的形式概括型数括词语却不受此限。这类数括词语，作为一种定中结构，虽然本身是名词性的，但不仅可以充当谓语，而且有的还显示出典型的动词性特征。例如：

（24）澳门民航局表示，两岸"三通"后，澳门机场将流失两成约 100 万人次中转台湾的客源。学者也指出，"三通"还将对澳门物流业以及博彩业造成冲击，业界应未雨绸缪。（《联合早报》，http：//zaobao.com/）

（25）辽宁省朝阳市检察院决定从现在起全院干警将分批到凌源市河坎子乡碾子沟村驻点扶贫，与群众"三同"，使党员干部真正与群众同吃、同住、同劳动。（正义网，http：//www.jcrb.com/）

（26）贾云因"贿选"被"双规"，传其包养圈内多位女星。（东方新娱乐，http：//enjoy.eastday.com/）

（27）原福建省委宣传部长荆福生违纪违法被"双开"。（新华网，http：//news.xinhuanet.com/）

（28）他……指定由二局牵头，与通信兵部共同商议拟订"三化"方案。同时，考虑到"三化"后各个整机必须由相应的小型基础件构成，故要研制与设计同步进行，研制新型基础产品（1995年 1 月 27 日）。

（24）中，"两岸三通"为主谓结构，以"三通"为谓语；（25）中，"三同"指同吃、同住、同劳动，是"全院干警与群众'三同'"这一主谓结构的谓语中心；（26）—（27）两例中，"双规"指"在规定的时间、地点就案件所涉及的问题作出说明"，"双开"指"开除党籍、开除公职"。两者都用作谓词性成分，且都用在典型的"被"字句里，表现出典型的动词特征。（28）中，"三化"指系列化、小型化、半导体化，第一次出现是作为名词性成分使用的，第二次则成了谓词性成分。下面再看两个例子：

（29）经过两年多的建设，闵行开发区内的市政基础设施已先后建成，开发区内已"七通一平"。（《解放日报》，1986 年 7 月 16 日）

（30）你只顾谦虚，就不"三忠于"了？你不想"三忠于"，我还想呢！（王均熙《现代汉语略语词典》）

（29）—（30）中，"七通一平"和"三忠于"分别受副词"已"和"不"修饰，谓词性特征非常明显。尤其是"三忠于"，不论作为否定副词"不"的修饰对象还是作为"想"的宾语，都是谓词性成分。

不过，从目前掌握的语料来看，除"三通一平""三通""三同""双规""双开""三忠于""三知""三到""三知""三化"十个数括词语外，未见其他数括词语用作谓词性成分的情况。这是其一。其二，（24）—（30）中作为谓词性成分使用的数括词语都可以作为名词性成分使用。例如：

（31）20多年来，为实现"三通"，祖国大陆做了不懈努力。

（32）用留置代替"两规"，设立国家监察委员会，表明反腐败已逐渐从党内推向国家层面。（人民网，http：//society.people.com.cn/n1/2017/1214/c1008-29707675.html）

（31）—（32）中，"三通"作"实现"的宾语，为名词性成分；"两规"即"双规"，作"代替"的宾语，也是作为名词性成分使用的。

六　小节

充当主语、宾语和定中短语的中心语，这是名词性成分的典型特征。形式概括型数括词语既能够充当主语、宾语（包括介词宾语和动词宾语），又能充当定中短语的中心语，进一步证明了其作为一种定中结构的名词性特征。一些形式概括型数括词语除上面所说的几种功能外，虽然还可以充当谓语，但这种情况毕竟仅限于少数以谓词性成分为受限成分的数括词语，而且即使是可以充当谓语的数括词语首先也是作为一种名词性成分使用的。

第三节　形式概括型数括词语的语义角色、优选功能和表义倾向

形式概括型数括词语可以充当多种不同的句法成分，但句法分析只是一种形式分析，还不能回答形式概括型数括词语在充当这些不同的句

法成分时，能担当什么样的语义角色，表义倾向如何，最适合或者说倾向于担当什么样的句法成分等问题。从语义角色、表义倾向和优选功能等不同角度，进一步对形式概括型数括词语进行考察，有助于从深层的表义倾向与表层的句法功能之间的互动中观察和认识形式概括型数括词语的本质特征。

一　形式概括型数括词语的语义角色

格语法将动词当作句子最重要的部分看待，认为动词与句中各种各样的名词短语之间有着各种不同的语义关系，这种关系就叫作"格"。例如，在"他用手枪打死了警察"这个句子中，"他"为施事，"警察"为受事，"手枪"为工具，"他""警察"和"手枪"不会因为在句子中所充当的句法成分的改变而发生变化，例如在"警察被他用手枪打死了"这个句子中，"警察"从句法层面看，由宾语变成了主语，但从语义层面看，并没有发生变化，仍然为受事。所谓语义角色就是动词和名词组成语义结构后名词在该语义结构中的身份或担当的角色。形式概括型数括词语，其句法功能可以随句子表层结构的改变而发生变化，但所能充当的语义角色却是相对稳定的。

从与动词的关系看，主、宾语位置上的形式概括型数括词语可以担当多种不同的语义角色。在主语位置上可以是施事、受事、断事等；在宾语位置上，既可以充当施事宾语，也可以充当受事宾语。例如：

（1）这样就出现了两个减少：一是减少资金周转环节，市乡共一套资金，按年购货总额 1000 万元计算，年减少利息 120 万元；二是减少货物迂回运转运输环节，农资从供方直销农户（或销售点），年减少运费 80 万元左右。(《人民日报》，1995 年 4 月 29 日)

（2）搞好国有大中型企业，突出"三改一管"具有很强的针对性和明显效果。(《人民日报》，1995 年 3 月 23 日)

（3）要做到思想到位、组织到位、工作到位。这三个到位，被视为做好筹备工作的保证。(《人民日报》，1995 年 3 月 28 日)

（4）在产品数量品种大幅度增加的同时，我国轻工产品的质量和档次也都有所提高，国际竞争能力显著加强，三个"1/3"生动地说明了这一点：现在，轻工业产值已占全国工业总产值的 1/3，实现税利也占全国税利总额的 1/3，出口额同样占全国出口总额的 1/3，轻工产品已成为我国出口创汇的主力军。（《人民日报》，1995 年 1 月 9 日）

（5）目前在我军部队中热烈进行的三查三整，就是用政治民主、经济民主的方法，达到前两项目的。（王均熙《现代汉语略语词典》）

（1）和（2）中，"两个减少"和"三管一改"都作宾语，但前者是施事宾语，后者为受事宾语；（3）和（4）中，"三个到位"和"三个'1/3'"都作主语，但前者为受事，后者为施事。（5）中，"三查三整"作断事主语。

形式概括型数括词语还可以充当介词宾语，表示处所、工具、方式、目的、原因等。例如：

（6）国有企业应以调整产业结构、产品结构为导线，以产权制度改革为纽带，进行企业重组、产权重组和债务重组，通过三个重组，建立现代企业制度，发展企业集团。（《人民日报》，1995 年 3 月 15 日）

（7）农民体协代表袁文亮用"三多"对此进行了概括："体育村体育户多了，农民自发组织的活动多了，乡镇企业出资举办的活动多了。"他还特别强调，广泛开展体育健身活动促进了农村精神文明的建设。（《人民日报》，1995 年 1 月 28 日）

（8）春节前夕，为了体现党和政府对困难企业、困难职工的关怀，山东省青岛市委、市政府采取各种措施为"双困"解决实际问题。（《人民日报》，1995 年 1 月 26 日）

（9）这些年，由于工业"三废"、农药和过量使用化肥，蔬菜受到了不同程度的污染，有的污染程度超过规定指标几十倍，严重威胁着人们的身体健康。（《人民日报》，1995 年 1 月 17 日）

（10）从"三冬"看夏粮。（《人民日报》，1995 年 1 月 9 日）

(6) —（10）中，"三个重组""三多""双困""三废"和"三冬"
分别担当方式、工具、目的、原因、处所等语义角色。

作为主语和宾语（包括介词宾语），形式概括型数括词语可以担当
多种不同的语义角色。这说明，形式概括型数括词语具有很强的灵活性
和包容性，可以表达多种不同的语义内容。

二　形式概括型数括词语的优选功能与表义倾向

形式概括型数括词语可以由多种不同性质的语言单位充当受限成分
（相当于普通定中短语的中心语），但作为一个整体，却保留了定中结
构的基本性质，可以充当定中短语的中心语、宾语、主语、定语等，但
从统计的角度看，形式概括型数括词语在这些句法位置上的分布是否平
衡。下面从优选功能和表义倾向两个方面对形式概括型数括词语进行
考察。

（一）优先功能

作为一种名词性成分，形式概括型数括词语的句法功能并不复杂，
主要是在句法结构中充当主语、宾语和定语。但在三种句法位置上的分
布并不平衡，具有明显的倾向性。现把本书收集到的形式概括型数括词
语在主语、宾语（包括介词宾语）、定语和谓语位置上的分布情况列表
统计如下（见表2-1）：

表 2-1　　现代汉语形式概括型数括词语在各种句法位置上的分布

主语	宾语	定语	谓语	合计
28	128	260	9	425
6.59%	30.12%	61.18%	2.18%	100%

如表2-1所示，现代汉语中，形式概括型数括词语以充当定语和宾
语为主，在全部425个用例中，分别占61.18%和30.12%。其中，又以
充当定语最为常见。

（二）表义倾向

形式概括型数括词语在不同句法位置上的分布并不平衡，这是否说
明形式概括型数括词语在表义上具有某种倾向性？果真如此，那形式概

括型数括词语最适合表达哪方面的语义内容呢？下面先对宾语和定语位置上的形式概括型数括词语进行考察。

1. 宾语位置上的形式概括型数括词语

格语法虽然承认底层的语义格与表层的主语、宾语等句法成分之间不完全对应的事实，但并没有否定它们之间的相关性，或者说一定程度上的对应性。相反，如果没有特别的语用动机，深层的施事格倾向于选择充当表层的主语，受事格倾向于充当表层的宾语。所以，"施事作主语，受事作宾语，不仅是现代汉语中最具中性和开放特征的结构序列，也是人类语言的普遍特征之一"（任鹰，2005）。显然，形式概括型数括词语充当宾语也是以其与相应动词之间的语义选择关系为基础的。形式概括型数括词语倾向于充当哪些动词的宾语，有可能在一定程度上反映形式概括型数括词语表义上的倾向性，即最适于表达什么样的语义内容。

为探讨形式概括型数括词语表义上可能存在的总体倾向，本书分别以"一、二、三、四、五、六、七、八、九、十"为查找项，对北大语料库中1995年《人民日报》1—4月共850余万字的文本进行搜索，获取第一手语料，并以王均熙《现代汉语略语词典》提供的用例为补充，另加少量平时阅读中获得的用例，剔除重复后共获得宾语位置上有形式概括型数括词语分布的用例128个。

所谓"剔除重复"是从两个方面进行的。一是剔除数括词语本身的重复。由于数括词语具有鲜明的时代色彩，在一定时期内，有的数括词语使用频率极高，如"双拥"在1995年1—4月份的《人民日报》文本中共出现74次，"三通"共出现48次。对于这类数括词语，就以数括词语作宾语的动词数量计算。例如，如果在样本中有三个不同的动词分别以"双拥"为宾语，则按三次计算。二是同形异指的处理。形式概括型数括词语中，同形异指的情况非常普遍，形式上完全相同的数括词语，在不同的语境中可以指称一组完全不同的对象，如"三高"在不同的语境中指称对象的构成就完全不同：

三高$_1$——高质量、高产量、高效益
三高$_2$——高技术、高性能、高质量

　　　　　三高₃——高生产、高工资、高消费

　　　　　三高₄——高蛋白、高脂肪、高热量

　　　　　三高₅——高血糖、高血脂、高血压

像"三高"这样形式相同，所指不同的数括词语，则按同形数括词语的数量结合相应动词的数量进行计算。如"三高₁"和"三高₂"各作为不同动词的宾语出现两次，就各按两次计算；指称对象相同的数括词语，如"三高₁"，如果在同一个动词的宾语位置上出现多次，则仅统计一次。

　　这样剔除重复后，共获得以形式概括型数括词语为宾语的动词54个，按照词汇意义分为四类。第一类以"实现"为代表，叫作"'实现'类动词"；第二类以"实行"为代表，叫作"'实行'类动词"；第三类以"提出"为代表，叫作"'提出'类动词"；其余动词或因为难以归类，或因为形式概括型数括词语在这些动词的宾语位置上分布过于稀疏，都归入"其他动词"。各类动词的数量不一，现分别列举如下：

　　　　"实现"类动词6个，约占11.80%，包括"实现、达到、创下、取得、做到、完成"；

　　　　"实行"类动词9个，约占17.60%，包括"实行、贯彻、落实、执行、抓（好）、坚持　推行、推进、开展"；

　　　　"提出"类动词2个，约占0.40%，包括"提出、定了"；

　　　　其他动词37个，约占66.70%，包括"制止、治理、要求、提倡、成（了）、参加、筹备、刹住、排放、倾倒、清理、保持、是、搞好、去掉、讲、吃、使、处于、诱发、出现、概括（为）、防止、表现（为）、谓（之）、有、走近、谈、强调、发展、服务、打破、突出、严格、发明、（亲）近、远（离）"。

　　现把191个用例中宾语位置上的形式概括型数括词语在四类动词间的分布列表统计如下（见表2-2）：

表 2-2　充当宾语的形式概括型数括词语在不同语义类型动词间的分布

"实现"类		"实行"类		"提出"类		其　他					
动词	频次	动词	频次	动词	频次	动词	频次	动词	频次	动词	频次
实现 达到 创下 取得 做到 完成	15 4 1 1 16 1	实行 贯彻 落实 执行 抓 坚持 推行 推进 开展	13 2 5 2 8 6 3 1 1	提出 定(了)	4 1	制止 治理 要求 提倡 成(了) 参加 筹备 刹住 排放 倾倒 防止 出现 诱发	1 2 1 1 1 1 1 1 2 1 1 1 1	清理 保持 是 搞好 去掉 讲 吃 处于 强调 发展 服务 近	1 1 23 1 1 1 1 1 1 1 1 1	概括 (为) 表现 (为) 谓(之) 谈 严格 使 发明 有 走近 突出 远 打破	2 1 1 1 1 1 2 1 1 1 1 1
38		41		5		45					
29.69%		32.03%		3.90%		33.59%					

如表 2-2 所示，现代汉语中形式概括型数括词语充当宾语时，具有向"实现"类、"实行"类和"提出"类动词集中的明显趋势。在本书采集到的 54 个以形式概括型数括词语为宾语的动词中，"实现"类动词只有 6 个，约占全部动词的 11%，但仅占动词总数 11% 的 6 个"实现"类动词，其宾语位置上形式概括型数括词语的分布频次却是 38 个次，占全部分布的 29.69%；"实行"类动词 9 个，占全部动词的 16.70%，但其宾语位置上分布的形式概括型数括词语为 41 个次，占全部分布的 32.03%；"提出"类动词只有两个，约占全部动词的 3.70%，宾语位置上却分布了 5 个次的形式概括型数括词语，占 3.90%；"其他动词" 37 个，虽然占到了动词总数的 68.50%，但这些动词宾语位置上的形式概括型数括词语仅为 45 个次，只占全部分布的 33.59%。形式概括型数括词语在宾语位置上的分布频次与各类动词的数量相比明显处于倒挂状态。

　　从单个动词看，"做到"带形式概括型数括词语作宾语的频次最高，达 16 个次；第二是"实现"，为 15 个次；第三是"实行"达 13 个次；第四是"抓"，8 个次；"坚持"和"落实"分列第五、第六，分别为 6 个次和 5 个次。其他动词大多为 1 个次，最多不超过 3 个次。也就是说，仅"做到""实现""实行""抓""坚持"和"落实"等六个动词的宾语位置上就集中了 63 个次的形式概括型数括词语，约占全部分布的 49.22%。

"实行"在《现代汉语词典》（第五版）中作"用行动来实现（纲领、政策、计划等）"，"实现"则解作"使成为事实"。显然，"实行"倾向于以表示方针、政策、纲领等为内容的名词短语为宾语，"实现"则倾向于以表示目标、计划、理想、愿望等内容的名词短语为宾语。形式概括型数括词语在"实行"类动词和"实现"类动词的宾语位置上分布最为集中。这说明形式概括型数括词语最适于表达方针、政策、纲领及目标、计划、理想、愿望等方面的内容。实际上，当"实行"和"实现"类动词以"政策""目标"等名词为宾语时，这些名词也常常以形式概括型数括词语为定语，而定语所概括的也正是"政策""目标"等概念的具体内容，也就是说，中心语所表达的概念蕴含作定语的数括词语所概括的内容。例如：

（11）由于国家实行"三不放开"政策，农场没有市场选择余地，只能以 1∶1.25 的比价从正常渠道交售。（《人民日报》，1995 年 1 月 20 日）

（12）根据中央"五个好"的目标，该省具体提出要努力实现五个要求。（《人民日报》，1995 年 4 月 25 日）

（11）和（12）中，"政策"和"目标"的具体内容分别是"三不放开"和"五个好"所概括的内容。这就从一个新的角度印证了形式概括型数括词语的表义倾向。关于这类定语，本书还要专门讨论，这里暂不展开。

不过，这里也要指出，形式概括型数括词语表义上的倾向性以及在"实行""实现"类动词宾语位置上的分布最为集中这一事实，反映的只是一个总体趋势。就具体的数括词语而言，其与动词之间的选择与搭配是具体的、个别的，最终决定于数括词语本身所概括的语义内容和动词的语义特征。

2. 定语位置上的形式概括型数括词语

考察充当定语的形式概括型数括词语，必然要涉及定语的语义类型，但要明确划分定语的各种语义类型几乎是一件不可能的事。目前，学界只在定语的大类划分上取得基本一致，主要有两种划分方法。一是根据定语与中心语的语义关系，把定语划分为领属定语和属性定语两个大类，每个大类下又分若干小类，如文贞惠（1999）、蔺璜（2005）等，至于领属定语和属性定语下的小类划分问题则各说不一。二是根据语义，结合语词的性质，把定语分为物体类定语和状况类定语（邢福义，2002）。其中，物体类定语表示与人或事物相关的数量、时间、方所等意义，主要包括领属、数量、指别、时地等语义类型；状况类定语，表示中心语所指对象的性质状态，主要包括性状定语、行为定语、断事定语、涵义定语等。这里在物体类定语和状况类定语的框架下对定语位置上的形式概括型数括词语进行考察，但小类的判别也仅限于可以通过转换确定语义类型的情况。

作为一种名词性成分，定语位置上的形式概括型数括词语既可以充当物体类定语，也可以充当状况类定语。例如：

（13）"封闭训练""长期集中训练"不是"三从一大"的代名词。（《中国体育报》，2004 年 7 月 7 日）

（14）他们修复废于战火的涡阳老子、蒙城庄子、颍上管子的'三子'故里和纪念馆，藉以弘扬民族文化，发展旅游事业。（《人民日报》，1995 年 4 月 26 日）

（15）前几年农村实行以"双包"责任制为中心的改革带来了方兴未艾的大好形势，打好了国民经济的基础。（王均熙《现代汉语略语词典》）

（16）广东省政府发出了"关于查禁公路上三乱行为的命令"，并成立了查禁公路三乱督察队，一个一个地撤关撤卡。（《人民日报》，1995 年 4 月 9 日）

（13）—（16）中，"三从一大"和"三子"为物体类定语；"双包"和"三乱"则为状况类定语。

　　在物体类定语和状况类定语下具体区分形式概括型数括词语的语义类型非常困难，不过在由形式概括型数括词语充当的定语中，有一类可以通过转换进行鉴别，这就是涵义定语。形式概括型数括词语充当涵义定语时，其中心语可以转换为数括词语的同位语。如果以 X 表示充当涵义定语的数括词语，Y 表示中心语，则定中结构"X（的）Y"可以转换为同位结构"X 这种 Y"或"X 这一 Y"。例如：

　　　　双学双比活动　　　双学双比这一活动
　　　　"双放"政策　　　"双放"这一政策
　　　　"三通一平"基础工程　　　"三通一平"这一基础工程
　　　　三多三鼓励原则　　　三多三鼓励这一原则
　　　　"三保"的做法　　　"三保"这一做法
　　　　"三定"方案　　　"三定"这一方案
　　　　"三从一大"科学训练原则　　　"三从一大"这一科学训练原则
　　　　"八个一"的管理办法　　　"八个一"这一管理办法

　　实际上，形式概括型数括词语本来就可以直接用于"X 这种 Y"或"X 这一 Y"这样的同位结构中。例如：

　　（17）"我还是赞成'五讲四美三热爱'这个口号。"（王均熙《现代汉语略语词典》）
　　（18）作者把"三个有利于"这个判断是非得失的根本标准引进党的建设领域。（同上）

　　形式概括型数括词语充当其他语义类型的定语时，不能进行这样的转换。例如：

　　（19）四是做好"三无"人员的劝返和遣送工作。深圳和珠海等市以公安干警为主，组织有关部门密切配合，不定期地清理"三无"人员。（《人民日报》，1995 年 3 月 11 日）
　　（20）什么抓纲治场，扯淡！我们场那个头儿，双突干部，小

杂种！（孔捷生《在小河那边》，转引自王均熙《现代汉语略语词典》）

（19）—（20）中，"三无"指<u>无暂住证、无职业、无固定住所</u>，"双突"指<u>突击入党、突击提干</u>。"'三无人员'"不能转换为"'三无'这种人员"，"双突干部"也不能说成"双突这种干部"。

关于涵义定语，邢福义先生（2002）指出："涵义定语表示心语所指特定事物的特定涵义"，又说："定语和心语处在同指一种对象的关系之中"。这正是涵义定语和中心语可以转换为同位结构的内在依据。所以，涵义定语也叫同一性定语，很多前辈都对这种语言现象作过考察和研究，如胡裕树（1979）、赵月鹏（1980）、丁声树（1961）、刘有志（1984）等，但都没有涉及由形式概括型数括词语充当涵义定语的情况。

根据涵义定语的这一特点，我们用上面的转换方法对例证中充当定语的形式概括型数括词语逐一进行检验，发现在全部260个例证中，由形式概括型数括词语充当涵义定语的有96例，占总数的36.90%。不管形式概括型数括词语在其余的例证中充当什么类型的定语，36.90%都是一个很大的比例。显然，充当涵义定语是定语位置上的形式概括型数括词语的优选项之一。

进一步考察以形式概括型数括词语为涵义定语的名词或名词短语发现，定语位置上的形式概括型数括词语在名词或名词短语之间的分布并不平衡。96个由形式概括型数括词语充当涵义定语的例证中，有三次以上以不同的形式概括型数括词语为涵义定语的名词或名词短语有11个，分别列举如下：

政策　10次
两减两免（的优惠）　　　三不放开　　　两保一挂
三优先（的）　　　双扶三不
三挂钩　　　三宽　　　双放
双紧
原则　9次

三从一大（的）	三要三不要（的）	三多三鼓励
三清（的）	四就	三公
二为	三不用	四不

活动　8次

双学双比	双增双节	双争
五比五查	三个一	七不
五讲四美	四学	

方针　9次

三从一大（的）	三改一管（的）	四化
三先三后（的）	三为主	三为主
三严两为	双百	

措施　5次

三结合的筹资	三高、一拉、一合	四化
三不进	五优先	

工作　4次

三通一平	双拥双学双比
两调	

方案　4次

三化	三步	三定
三违反（的政改）		

方向　4次

两高一优	五到户	双学双争
双增		

经验　3次

三坚持、四严一保证的	四个优化	三结合
责任制3次		
五定	三包	双包

运动　3次

三反	双增双节	两忆三查

其中"政策""原则""活动""方针"四个名词以形式概括型数括词

语为涵义定语的次数在 8 次到 10 次，四个词的定语位置上共分布了 36 个次的形式概括型数括词语，占全部分布的 37.5%。这一结果与形式概括型数括词语充当动词宾语时的表义倾向性是一致的。充当宾语时，形式概括型数括词语在"实行""实现"类动词的宾语位置上出现最为频繁，因为"实行"类动词多以含有"方针""政策"等语义内容的名词为宾语，"实现"类动词多以"目标""计划""希望"类名词为宾语。形式概括型数括词语频繁充当"政策""原则""方针"等名词的涵义定语，表达的正是这些词在句中所要表达的具体内容。这再一次证明了形式概括型数括词语表义上的倾向性。

其余 26 个名词或名词短语中，除"服务""目标""格局""要求""标准""精神""立场"等 7 个名词有两次分布外，其他都只有一次，它们分别是：

斗争：三打一查禁	态度：三老四严（的科学）
作风：三老、四严	方式：三结合的
现象：三重三轻	战略：三个先行
办法：八个一（的管理）	经营：五统一
问题：三乱	做法：三保
制度：五保	社会公德：五爱
任务：双补	革命传统：双拥
口号：三懂三知三到	观念：三自
承诺：三不	栽培模式：两高一优
错误：两个凡是	

这些名词基本上都是表示抽象意义的，如"斗争""作风""现象""传统"等。

三 小结

本节在对考察对象进行定性分析的同时辅以简单的定量分析，从中可以看出形式概括型数括词语的句法表现、优选功能和表义倾向。从总体看，形式概括型数括词语具有名词的基本功能，能够充当通常由名词短语充当的主语、宾语和定语，但又不同于一般的名词性成分。具体说，形式概括型数括词语的优选功能首先是充当定语，其次是宾语。在定语位置上，又以充当涵义定语为主要选项，而且以充当"方针""政策""原则""活动"类抽象名词的定语最为多见；在宾语位置上，则以充当"实行""实现"类动词的宾语最为频密。形式概括型数括词语在宾语和定语位置上表现出大致相同的表义倾向。

第四节　形式概括型数括词语的篇章功能

前面我们考察了数括词语的句法功能，但句法平面的分析不能揭示形式概括型数括词语的篇章功能和价值，很多问题只有放到语用、篇章平面才能得到合理的解释。其中，形式概括型数括词语的意义或指称及与数括词语有关的冗余现象是两个具有代表性的问题。

首先，形式概括型数括词语，不论是在单一的句法结构中还是在句子里出现，从解码的角度看，都有一个"指什么"的问题。例如：

（1）日军三光政策的目的是为了消灭抗战军民的生存条件，使八路军丧失民众的人力、物力和财力支持，企图以此渐渐消灭敌后抗日力量。（百度百科，http://baike.baidu.com/）

"三光"是一个典型的形式概括型数括词语，仅从（1）看，意义并不明确。因此，受话人可能会问："'三光'是指哪'三光'？"这个问题实际上包含了两个方面。一是问"三光"所指的言语形式，这里把它叫作言内指称对象；二是"三光"所表达的内容，这里把它叫作言外指称对象。

其次是与数括词语有关的冗余现象。所谓冗余，其实就是信息传递过程中多于信息传递需要的符号（李萍，2005；魏俊轩，2002；唐建军，2001）。从足量传递信息的需要看，数括词语在很多情况下都可以看作一种冗余成分。例如：

（2）a 后来，支队党委……搭起了一个防日晒、防台风、防暴

雨的"三防"菜地，保证官兵一年四季都有新鲜蔬菜吃。(《人民日报》，1995年3月22日)

　　(3) a 近年来，市里坚持外贸、外资、外经"三外"并举的方针，全面实施外向型经济带动战略，积极改善投资环境。(《人民日报》，1995年4月2日)

(2) a 中，"三防"指<u>防日晒、防台风、防暴雨</u>，所包含的全部信息都已在相应的初始表达式中，即"防日晒、防台风、防暴雨"中得到了准确、足量的表达，从传递信息的角度看，"三防"完全可以省去。因此，(2) a 可以改为 (2) a'：

　　(2) a' 后来，支队党委……搭起了一个防日晒、防台风、防暴雨的菜地，保证官兵一年四季都有新鲜蔬菜吃。

同理，(3) a 也可以省去"三外"而改为 (3) a'：

　　(3) a' 近年来，市里坚持外贸、外资、外经并举的方针，全面实施外向型经济带动战略，积极改善投资环境。

(2) a 与 (2) a'、(3) a 与 (3) a' 之间究竟有何不同，显然也不能从句法平面的分析获得满意的解释。下面从篇章功能和修辞价值两个方面对形式概括型数括词语进行考察。

　　如前所述，形式概括型数括词语以一组并列结构（即相应初始表达式中的并列各项）的公因子为受限成分，而公因子又不能直接概括数括词语的言外指称对象的共性，所以，不仅在形式上需要与初始表达式保持关联，而且在表义上也有赖于初始表达式。由于这种表义上的求补性和对初始表达式的依赖[1]，形式概括型数括词语在篇章指示、照应和组织三个方面，往往都可以发挥其他词汇、语法手段难以发挥，有时甚至是无法替代的作用。

_____

　　[1]　这种求补性和依赖性源于形式概括型标数结构的受限成分。详见本书第二章中的相关部分。

一　形式概括型数括词语的篇章指示功能

篇章指示，也称语篇指示，是用一定的词语指称篇内某个部分的语用现象，包括示意指示词语自身与上下文语境的关系（Levinson，1983）。耶夫·维索尔伦则把"语篇指示词语"定义为指示"早先、同时或即将出现的语篇"的词语（维索尔伦，2003）①。何自然（1988）把篇章指示叫作"话语指示"，指出："话语指示，或语篇指示指在说话或行文过程中选择恰当的词汇或语法手段来传达话语中某部分或某方面的指示信息。"篇章指示的定义还有很多，但大多大同小异。综合各家的观点，我们认为，篇章指示是以一定的词汇或语法手段指向篇内某个部分，为理解篇章（包括理解指示手段本身）提供线索或参照的一种语用现象。

由于表义上具有求补性，形式概括型数括词语的表义基础是在篇章内部有明确的指称对象，这就是形式概括型数括词语从中提取构造成分的初始表达式。从这个意义上说，形式概括型数括词语也有指称"篇内某个部分"的作用。例如：

（4）广东、浙江、江苏、海南等省在清理、取缔无船号、无船籍、无船名"三无"船舶的专项斗争中，采取海上堵截、封港清查、进厂清理的多管齐下办法，共清理登记"三无"船舶 3.5 万艘，有效遏制了海上走私猖獗势头。（《人民日报》，1995 年 3 月 24 日）

（5）这次中央农村工作会议强调了"八个到位"：即领导精力到位，资金到位，扶持农业政策到位，农业基础设施建设到位，粮棉购销政策到位，农业技术推广到位，深化农村改革到位，基层组织建设到位。（《人民日报》，1995 年 3 月 1 日）

例中，"三无"指的首先是前面三个并列的短语，即"无船号、无船籍、无船名"；同样，"八个到位"指的首先也是冒号后以"到位"为

---

① 参见［比］耶夫·维索尔伦《语用学诠释》，钱冠连、霍永寿译，清华大学出版社 2003 年版。

公因子的八个主谓短语。两个数括词语都是通过与各自对应的初始表达式链接而进行解读的。从这个意义上说，"三无"和"八个到位"是一种较为典型的篇章指示手段。

首先，形式概括型数括词语是利用其言内指称对象，即初始表达式中并列各项形式上的共同特征实现其指示功能的。这在其他自然语言中并不多见。例如，何兆熊（1989）把英语中用于篇章指示的词语归纳为三类：第一类是指示代词 this 和 that；第二类是在篇章中用于表示上下文之间语义关系的词语，如 but、therefore、well 等；第三类是原本用于时间指示的词语，如 last、next 等。这些篇章指示手段中，没有任何一种是像形式概括型数括词语那样，以形式上的关联，即直接指称篇章内的相应部分——初始表达式而发挥篇章指示作用的。

其次，作为一种篇章指示手段，形式概括型数括词语提及相应初始表达式中的并列各项，但又与（Levison，1983）、莱昂斯（Lyons，1977）所说的"提及"（mention）不同。Levison 和莱昂斯在讨论"提及"时举了一个例子，这里转引为（6）：

（6）A：That's a rhinoceros.（那是头犀牛）
　　　B：Spell it for me.（请帮我把它拼写出来）

（6）中，it 指 rhinoceros 这个词，而不是这个词在现实世界或可能世界中的指称对象。也就是说，it 与 rhinoceros 的意义或指称对象无关。汉语也有类似的情况。例如：

（7）A：你刚才说的那个词叫什么来着？怎么写？
　　　B："稔熟"。这样写……

（7）中，"那个词"指 B 在前述话语中用过的一个词，即"稔熟"，"那个词"仅指"稔熟"这个形式。"那个词"与（6）中 it 的作用一致。

按照"提及"在语用学里的本义，形式概括型数括词语无疑也是一种"提及"，因为它指的首先就是相应初始表达式中并列各项的公因子。例如：

（8）全镇 5888 名育龄妇女，人均收入 1500 元以上。96 个中心户中，已有一半达到"三高"（计划生育自觉性高、致富技术水平高、人均收入高）。（《人民日报》，1995 年 1 月 10 日）

（9）所谓"三高"，就是在规划、开发、建设管理过程中，始终按高起点、高标准、高效能来要求。（《人民日报》，1995 年 4 月 20 日）

（10）大量的研究表明，发达国家癌症祸患长期危害的根源在于"高热量、高脂肪、高蛋白"的三高膳食。（Yahoo 知识堂，ht-tp：//ks. cn. yahoo. com/）

"三高"在（8）—（10）中提及的对象，形式上虽然都是"高"，但具体的内容却各不相同。如果分别用"三高$_1$""三高$_2$""三高$_3$"表示（8）—（10）中的三个"三高"，则"三高$_1$"中的"高"指的是"计划生育自觉性高、致富技术水平高、人均收入高"中的三个"高"；"三高$_2$"指"高起点、高标准、高效能"中的三个"高"；"三高$_3$"指"高热量、高脂肪、高蛋白"中的三个"高"。所以，每一个"三高"都是专指的，当然也是有定的。不过，"三高$_1$""三高$_2$"和"三高$_3$"并不仅限于提及相应初始表达式中并列各项的公因子，而是通过提及公因子实现与初始表达式的链接，从而实现对其概括对象，即其言外指称对象的指称。

可见，与（6）中 B 使用"it"提及 rhinoceros 时仅限于指称 rhinoceros 这个词的外在形式不同，形式概括型数括词语提及初始表达式中并列各项的公因子，是为理解数括词语本身提供指示或索引。从这个意义上说，提及初始表达式中并列各项的公因子只是形式概括型数括词语发挥篇章指示功能的一种方式或手段。

二　形式概括型数括词语的篇章照应功能

"照应指的是语篇中一个成分作为另一个成分的参照点。"（胡壮麟、朱永生、张德录，1989）。按照参照点是否在篇章内部，照应可以分为外指照应（exophoric）和内指照应（endophoric）。外指照应的参照点在篇章之外的情景语境中，内指照应的参照点则在篇章内部，即上下文语境中（Halliday，2000；胡壮麟、朱永生、张德录，1989）。

　　内指照应又可分为前指照应和后指照应。屈承熹先生（2006）把前指照应（anaphoric）称为"回指"，指出："'回指'这个术语通常用来指照应前文提及内容的一种手段。在广义上，所有具有照应功能的语法形式都可称回指，包括指涉前文动词、副词、名词、小句等的词或短语。"韩礼德和哈桑（Halliday and Hasan，1976）则把回指照应归入替代的范畴，同样包括指涉前文的动词、副词、名词、小句等。后指照应（cataphoric）远没有前指照应常见，胡壮麟、朱永生和张德录（1989）称之为下指，指出下指照应中，"语言成分的参照点存在于下文之中"。这里只讨论内指照应，包括前指照应和后指照应。

　　照应与篇章指示具有某些相似之处。但照应通常是指使用人称代词或名词性成分指称上文或下文中某个词语的言外指称对象的现象，照应词通常并不直接指向先行词或即将在下文出现的相关词语，而是通过与相关词语同指，即指称相同的言外对象而形成照应关系的。例如：

　　　　（11）1921年11月，墨索里尼将战斗的意大利法西斯改名为"国家法西斯党"后，做起了重新恢复古罗马帝国霸业的迷梦。他把"棒束"定为法西斯党党徽。借此向法西斯分子灌输古罗马的好战精神和极权主义思想，自己成为集大权于一身的独裁者。（《人民日报》，1995年5月3日）

（11）中，"他"与"墨索里尼"形成前指照应关系，"墨索里尼"为先行词，但"他"本身并不指"墨索里尼"这个符号，而是直接指称墨索里尼这个人，所以，与"墨索里尼"这个符号形式仅处于一种同指关系之中。

　　形式概括型数括词语的言外指称对象是由其篇内指称对象，即初始表达式决定的，其言外指称对象就是初始表达式所表达的内容或事物。例如：

（12）我常想：服务"三农"（农村、农业、农民），须求"三实"（想实招、办实事、出实效）。（《人民日报》，1995年4月8日）

（13）广东省把高投入、高产出、高效益的"三高"林业作为今后林业发展主攻方向。（《人民日报》1995年3月13日）

例中，"三农"指**农村、农业、农民**①，"三实"的内容就是"想实招、办实事、出实效"所表达的内容；"三高"的内容就是"高投入、高产出、高效益"表达的内容。可见，"三农""三实"和"三高"都是与各自的初始表达式同指的。

显然，形式概括型数括词语与相应的初始表达式也有共同的指称对象。这个指称对象就是初始表达式中并列各项所表达的内容或指称的言外事物。从这个意义上说，形式概括型数括词语也是一种篇章照应手段，既可用于前指照应，也可用于后指照应。

（一）前指照应

有时为了称说方便或出于某种修辞需要，发话人可以用形式概括型数括词语称说某一前述言语片段及其内容或意义，构成前指照应。作为一种前指照应手段，形式概括型数括词语既可以前加指示代词"这"，也可以独立实现与先行初始表达式之间的照应。例如：

（14）要做到思想到位、组织到位、工作到位。这三个到位，被视为做好筹备工作的保证。不少同志还认为，除三个到位外，还要加一个领导到位。（《人民日报》，1995年4月21日）

（15）国有企业应以调整产业结构、产品结构为导线，以产权制度改革为纽带，进行企业重组、产权重组和债务重组，通过三个重组，建立现代企业制度，发展企业集团。（《人民日报》，1995年3月15日）

（16）可细细算账，赶紧处理掉则小赔，继续养下去则大赔，两"赔"比较，他们当然选择杀猪、卖鸡，这也是情理之中的事

---

① 这里仍然按照前面的惯例，用黑体字置于尖括号里表示标数结构的篇外所指。

情。(《人民日报》，1995 年 4 月 24 日)

例中，当"三个到位"第一次出现时前面加了指示代词"这"，第二次单独出现，但与前加指示代词没有明显差异；"三个重组"和"两'赔'"则是独立实现与初始表达式的照应的。

与代词回指要受很多管束不同，数括词语与相应的初始表达式在篇章中的分布和相对位置非常灵活。下面是前指照应中数括词语与初始表达式在篇章内几种常见的分布模式和相对位置。

一是数括词语和初始表达式不在同一个句子内，处于跨句分布的状态。如(14)—(15)两例中的"三个到位"和"三个重组"与各自相应的初始表达式在篇章中就是处于跨句分布状态的。

二是数括词语与相应的初始表达式同处于一个句子内，数括词语充当初始表达式的补语。典型格式通常是"把 / 将 + 初始表达式 +概括 / 归纳 + 为 + 数括词语"。例如：

(17) 为了确保夏粮丰收，打好冲刺"八五"这一仗，农业部首次将冬种、冬管、冬季积造有机肥提炼概括为"三冬"农业，并为此召开全国"三冬"农业工作电话会。(《人民日报》，1995 年 1 月 9 日)

(17)中，"三冬"充当初始表达式"冬种、冬管、冬季积造有机肥"的补语。这种情况通常仅限于与数括词语配位的动词为表示"概括""归纳"等意义时。

三是数括词语的限定成分与初始表达式处于一种同位复指的关系之中，数括词语的限定成分复指初始表达式中的并列各项，受限成分与初始表达式之间具有施受关系。这种关系一般仅限于由数词单独充当限定成分的数括词语。例如：

(18) 承担主装置施工任务的六化建公司针对施工周期短等特点，加强"工期、质量、成本"三大控制，高效优质地完成了施工任务。(《人民日报》，1995 年 1 月 3 日)

　　　　（19）福建省委、省政府年初出台了关于增加农业投入、发展粮食生产的 10 条措施，并要求各级领导做到思想认识、领导力量、农业投入、科技兴农、扶持措施"五到位"，确保粮食播种面积 3000 万亩、粮食总产量 900 万吨。（《人民日报》，1995 年 3 月 24 日）

　　（18）中，"三"在充当"三大控制"的限定成分的同时，也复指前面的"工期、质量、成本"，受限成分"控制"则在语义上指向三个并列的名词，即三个并列的名词在语义上是"控制"的受事。（19）中，"五到位"中的"五"既是"五到位"的限定成分，又复指前面的"思想认识、领导力量、农业投入、科技兴农、扶持措施"。"到位"则充当五个并列的定中短语的共同谓语，五个定中短语的语义角色为施事。

　　四是数括词语先与其他语言单位组合成为一个定中结构，并在定中结构中作定语，然后再以先行的初始表达式为整个定中结构的定语，形成两层定中结构套叠的格式。例如：

　　　　（20）他们一改传统的"苦学"为"乐学"，实行"愉快教育"，提出"多启发、多直观、多引导学生动脑动手实践"，"鼓励提问、鼓励辩论、鼓励学生有主见、有创见"的三多三鼓励原则。（《人民日报》，1995 年 3 月 24 日）
　　　　（21）静海县委……对农村的后进班子进行调整，把开放型、知识型、实干型、开拓型和廉政型的"五型"人才选进村级支部挑大梁。（《人民日报》，1995 年 1 月 31 日）

　　例中，"三多三鼓励"首先与"原则"组合，构成一个定中结构，然后又以其先行的初始表达式，即"多启发、多直观、多引导学生动脑动手实践"，"鼓励提问、鼓励辩论、鼓励学生有主见、有创见"作为整个定中短语的定语；同样，"'五型'人才"也是以"五型"的初始表达式为定语的。从信息传递的角度看，两层定中套叠的格式中，数括词语显然是一种冗余成分，但用与不用，表达效果明显不同。通常，形式概括型数括词语用于前指照应时具有明显的修辞动机，尤其是第三、四两种位置上的数括词语，修辞动机尤为明显。这在下面还要详细讨论。

（二）后指照应

与用于前指照应相比，形式概括型数括词语用于后指照应的情况要多得多。用于后指照应时一般采用"总提—分述"的照应模式，在"总提—分述"模式下，具体的行文方式则非常灵活。下面是四种较为常见的行文方式。

第一，"总提""分述"同句，中间通常使用冒号、破折号、括号、"即"等注释性标记。这里各举一例：

（22）他们坚持"四就"原则：就地立案，就地审理，就地宣判，就地执行。（《人民日报》，1995 年 1 月 16 日）

（23）年底，农业部召开"三冬"（冬种、冬管、冬季积肥）工作电话会议，把冬季积肥作为"三冬"农业的一项重要内容。（《人民日报》，1995 年 3 月 8 日）

（24）这"软件"就是"四严一保证"——严密的组织、严格的训练、严明的纪律、严谨的作风和充分发挥思想政治工作的保证作用。（《人民日报》，1995 年 1 月 7 日）

（25）李岚清又说，对特区的下一步发展，党中央和国务院已提出"三个不变"，即创办特区的决心不变、中央对特区的基本政策不变、特区在改革开放中的地位和作用不变。（《人民日报》，1995 年 3 月 10 日）

这种"总提—分属"的后指照应模式实际上是一种解释模式，即用初始表达式对数括词语进行解释。

第二，以数括词语总提，"分述"部分首先把数括词语作为断事主语重提，然后再以谓语部分分述数括词语的具体内容。例如：

（26）早在基层工作的时候，我就给自己定下了"三清"的原则，这"三清"是——清醒的头脑、清晰的思路和清廉的作风。

（《人民日报》，1995 年 4 月 29 日）

（27）一项发明创造，必须同时具备"三性"才能获得专利权。这"三性"是：新颖性，是指这一发明创造是最新的、前所未有的，在申请日之前未公开使用过，也未被社会所公知。创造性，是指同申请日以前已有的发明创造相比较，该发明创造具有实质性的创新。实用性，是指该发明创造能在生产实际中应用。（《人民日报》，1995 年 3 月 27 日）

（28）我们明确提出，按"三高""三化"高标准要求，把清溪镇建成功能齐全、配套完善、环境优美、生态平衡的现代化新城镇。所谓"三高"，就是在规划、开发、建设管理过程中，始终按高起点、高标准、高效能来要求；所谓"三化"，就是按绿化、美化、净化的高标准进行现代化城镇建设。（《人民日报》1995 年 4 月 20 日）

这实际上也是一种解释模式，只不过解释时数括词语再次以断事主语的形式出现在解释句中罢了。

第三，把数括词语作为"总提"部分的信息焦点，"总提"部分与各分述单元并列，形成一个完整的话题链。这种行文方式通常仅限于充当数括词语受限成分的公因子为谓词性成分的情况。例如：

（29）电业公司……对小姜村实行"两减两免"的优惠政策，减收 70% 的贴费，减收 10% 的材料费，免收材料运输费，免收设计施工费。（《人民日报》，1995 年 4 月 4 日）

例中，"总提"部分是"电业公司……对小姜村实行'两减两免'的优惠政策"，四个"分述"单元分别是"减收 70% 的贴费""减收 10% 的材料费""免收材料运输费""免收设计施工费"。"总述"部分和各"分述"单元的主语相同，在四个"分述"单元里以零回指代词代替。"总提"部分与各分属单元构成了一个完整的话题链（0 i 表示零回指代词）：

电业公司 i……对小姜村实行"两减两免"的优惠政策，

0 i 减收 70% 的贴费，

0 i 减收 10% 的材料费，

0 i 免收材料运输费，

0 i 免收设计施工费。

第四，把数括词语作为"总提"部分的信息焦点，各"分述"单元分别以数词"一、二、三……"等依次部分回指，形成"总提"部分与"分述"部分之间双向、多头的并行照应格局。例如：

（30）1991 年以来，这个矿领导……突出抓"三个落实"：一是落实安全生产责任制，二是落实安全生产所需资金，三是落实安全措施。（《人民日报》，1995 年 1 月 20 日）

例中，"三个落实"后指以"落实"为公因子的三个分句，同时三个分句又分别以数词"一、二、三"为主语回指"三个落实"之中的一个，形成双向、多头的并行照应模式：

1991 年以来，这个矿领导……突出抓"三个落实"i：

一 i 是落实安全生产责任制，

二 i 是落实安全生产所需资金，

三 i 是落实安全措施。

这种双向、多头照应很特别，如图 2-1 所示。

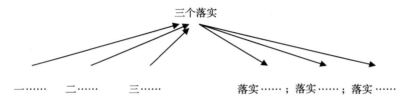

图 2-1　"三个落实"的双向、多头照应模式

上面我们列出了形式概括型数括词语用于后指照应时，在"总提—分述"这一总的模式下四种较为常见的行文方式，目的在于说明形式概括型数括词语用于后指照应时的灵活与方便，并不是说只有这四种方式。

（三）照应特点

形式概括型数括词语不仅可以用于前指和后指照应，而且与汉语其他照应方式比较，具有很多独到之处，这在前面已有所论述。这里仅就其灵活、方便的一面进行简要分析。

作为一种篇章照应手段，形式概括型数括词语，与其他照应方式相比，具有方便、灵活的特点。这可以从两个方面来看：一是照应词的句法、语义限制，二是照应词的照应对象的可及性。

关于汉语照应成分的句法语义限制，李樱（1985）指出，名词性照应成分，只要遵守词汇项目的同现规则，可以出现在任何句法位置上；零回指代词（这里用 0 表示）不能作为介词宾语，也不能充当兼语（pivot）；回指代词则要受句法条件和语义特征的双重制约。例如：

（31）a 这张桌子$_i$太贵$_?$ 它$_i$不值三百块钱。——李樱（Li，1985）

b 这本书$_i$很不错，我想把它$_i$推荐给你们看。——同上

（31）a 不大可能被接受，原因就在于"它"所在的句法位置上一般不能出现非指人代词，但在介词宾语或兼语位置上则不受此限制，如（134）b 中的"它$_i$"就是合法的。

相比之下，形式概括型数括词语可以充当主语、宾语（包括动词的宾语和介词的宾语）和定语，在句法位置上的分布非常灵活。

所谓照应对象的可及性就是受话人识别照应词语的指涉对象的难易程度。根据指涉对象的可及性，许余龙先生（Xu，1995）把照应词语分为三类，即高度可及标记、中度可及标记和低度可及标记，并从篇章的角度对三种可及性标记作了界定。

从篇章的角度看，许余龙先生（1995）认为，可及性包含两个变量：一是距离，二是位置。距离就是照应词与先行词之间的距离。距离

远，其照应对象的可及性就低，需使用低度可及标记；距离近，其照应对象的可及性就高，需使用高度可及标记。所谓位置就是先行词在句子中的句法、语用位置。通常情况下，处于话题位置的先行词可及性高，用高度可及标记照应；处于非话题位置的先行词，可及性低，用低度可及标记照应。处于两者之间的可及性标记属于中度可及标记。例如：

（32）a　老木匠 i 有个怪脾气，

b　0_i 做了一辈子的木匠没有收一个徒弟。

c　当别人要拜他为师学艺时，

d　他$_i$ 总是推辞说……——许余龙（Xu，1995）

（33）a　从前有个勤劳的铁匠$_i$，

b　他$_i$ 有个儿子$_j$，

c　0_j 快满二十岁了，

d　0_j 人倒生得又高又大，

e　0_j 就是好吃懒做。

f　铁匠$_i$ 常为这事烦恼。——许余龙（Xu，1995）

（32）中，"0_i" 是一个高度可及标志，因为其先行词就是前句的"老木匠"，"他$_i$" 是一个中度可及标记，从距离看，与先行词"老木匠$_i$"之间已经隔了一个句子，而且中间还被"别人"打断。（33）f 中，"铁匠$_i$" 与其照应对象，即（33）a 中的"铁匠$_i$"之间隔着 b、c、d、e 四个句子，篇章距离远，属于低度可及标记。因此，只有使用低可及性标记——名词短语——才能重拾原来的话题。

　　从距离看，形式概括型数括词语与其照应对象之间的距离可以很近，也可以很远。例如：

　　（34）最近，笔者到河南下乡调查，发现农民对"有偿服务"反应比较强烈，归纳起来，主要有六个方面的问题，姑且谓之"六戒"。

　　一戒"马后炮"。比如小麦播种完毕已出苗，"小麦拌种剂"才送到农民手中。近两年有几个乡对小麦搞"一喷三防"有偿服务，结果是小麦登场完毕，才把"一喷三防"药送上门。

二戒"大杂烩"。有的乡镇把在市场上出售不了的、上级明文封存或质次价高的伪劣农药种子分送给农民。甚至什么烟酒、糖果、鞭炮、茶叶、年画等也一股脑儿往农民手里塞，农民应接不暇。

三戒牟取暴利。"有偿服务"应为农民提供得力的科技服务，所用之物应是生产必需，且物美价廉。可是有的乡镇和部门却把"有偿服务"作为牟取暴利的手段，不论分搞什么服务，价格都比市场上的高，有的甚至高出几倍。

四戒"杂牌军"乱打旗号钻空子。有些人利用种种关系，搞所谓"有偿服务"。有的人打着县委县政府的旗号，有的人打着乡镇党委、政府的旗号，让农民买不需要的物品。据了解，有的是个别干部趁机做生意，还有的被戏称为乡镇政府的"雇佣军"。

五戒强制性服务。"有偿服务"本应是建立在自愿的基础上。可是有的乡镇和部门却搞强制性服务，削弱了政府的威信，破坏了干群关系。

六戒巧立名目乱服务。"有偿服务"主要应围绕科技和农业生产，有很强的时间性和季节性，然而，有的乡镇和部门，动不动就"有偿服务"，一年数十次，今天这个名堂，明天那个花样，令人眼花缭乱，招架不住。有些已过时，并不需要。……（《人民日报》，1995 年 1 月 16 日）

（34）选自《人民日报》1995 年 1 月 16 日一篇题为《有偿服务"六戒"》的报道。"六戒"用于后指照应，其初始表达式中的并列各项分别位于下文的六个段落中。其中，"六戒"与"一戒'马后炮'"之间相隔一个段落，与其他各"戒"之间的距离则顺序加大，越往后距离越远。另外，"六戒"与初始表达式中并列各项之间的照应也不是单向、单线照应，而是双向、多头的并行照应。这与通常所说的照应方式的线性、单向照应，形成了鲜明的对照。现把"六戒"与初始表达式中并列各项的照应关系图示如下（见图 2-2）：

可见，形式概括型数括词语与相应的初始表达式之间的照应几乎可

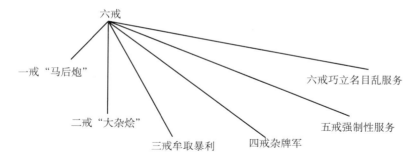

图 2-2 "六戒"的双向、多头并行照应模式

以不受篇章距离的制约，只要位于篇章之内，相互之间的距离的大小并不妨碍相互之间的识别与照应。

从照应对象所处的句法位置看，形式概括型数括词语的照应对象大多为非体词性成分，充当句子话题的概率很低。例如：

（35）他们以"共产党员在医德医风中该是什么形象"为主题……开展"三互对子"活动，两个党员结成一对，互帮、互学、互相监督。（《人民日报》，1995 年 4 月 2 日）

（36）国有企业应以调整产业结构、产品结构为导线，以产权制度改革为纽带，进行企业重组、产权重组和债务重组，通过三个重组，建立现代企业制度，发展企业集团。（《人民日报》，1995 年 3 月 15 日）

（37）这样就出现了两个减少：一是减少资金周转环节……二是减少货物迂回运转运输环节……（《人民日报》，1995 年 4 月 29 日）

（35）—（37）中，"三互"的照应对象为"互帮、互学、互相监督"，"三个重组"的照应对象为"企业重组、产权重组和债务重组""两个减少"的照应对象为"减少资金周转环节……减少货物迂回运转运输环节"，它们都不在话题的位置上。

如果仅以篇章距离和句法位置这两个变量来衡量，作为篇章照应手段的形式概括型数括词语无疑只能是一种低度可及标记，但实际上形式概括型数括词语的照应对象的可及性并不低，受话人很容易按照形式概括型数括词语的指引锁定其言内指称对象，进而实现对言外事物的指称。这是因为形式概括型数括词语与其照应对象之间具有形式上的关联。如"三互"与"互帮、互学、互相监督"之间，通过公因子"互"建立了非常直观的联系。这种形式上的关联显然可以弥补或者抵消照应对象在空间和句法分布上的低可及性。这正是形式概括型数括词语与其照应对象，即初始表达式之间，在篇章分布上可以灵活、多样，而又容易解读的根本原因。

三　形式概括型数括词语篇章组织功能

作为一种极富特色的篇章照应手段，形式概括型数括词语同时也是一种方便、灵活的篇章组织手段，往往可以超越语篇的内容或主题的局限，从形式上统摄整个篇章或篇章片段，省去诸多措辞、谋篇的麻烦。

作为篇章组织手段，数括词语通常也遵循"总提—分述"的模式，与其作为篇章照应手段的作用方式是一致的，在篇章组织中起着枢纽作用。总提就是先以形式概括型数括词语对篇章整体或局部从形式上进行概括；分述就是以数括词语与初始表达式之间形式上的关联为线索，逐一分述，在分述的过程中展开篇章。下面是形式概括型数括词语用于局部篇章组织的两个例子：

（38）重庆经济实现双突破：国内生产总值突破 500 亿，工商各税突破 50 亿。（《人民日报》，1995 年 1 月 22 日）

（39）在产品数量品种大幅度增加的同时，我国轻工产品的质量和档次也都有所提高，国际竞争能力显著加强，三个"1/3"生动地说明了这一点：现在，轻工业产值已占全国工业总产值的1/3，实现税利也占全国税利总额的 1/3，出口额同样占全国出口总额的1/3，轻工产品已成为我国出口创汇的主力军。（《人民日报》，1995 年 1 月 9 日）

（40）因此，在 1992 年，我们明确提出，按"三高""三化"高标准要求，把清溪镇建成功能齐全、配套完善、环境优美、生态平衡的现代化新城镇。所谓"三高"，就是在规划、开发、建设管理过程中，始终按高起点、高标准、高效能来要求；所谓"三化"，就是按绿化、美化、净化的高标准进行现代化城镇建设。

（38）中，作者先以"双突破""总提"，然后以"突破"为线索，分头展开，保证了篇章语义上的连贯和形式上的紧密衔接，使整个篇章显得紧凑而又层次分明。（39）以"三个'1/3'"为线索，把全部细节提炼、凝缩在一起，重点突出，干净利落。然后再分述每一个"1/3"的具体内容，做到了形神统一，一气呵成。（40）中，先提出"三高""三化"，然后再以说明、解释或下定义的方式分别对"三高"和"三化"进行解释，既明确了"三高""三化"的具体内容和所指，又不打断原有的行文思路。

作为一种篇章组织手段，形式概括型数括词语也可直接出现在标题或第一个段落的某个地方，统摄篇章的整体布局和结构。例如：

（41）企业，特别是国有企业破产难，既有传统观念、传统体制的束缚，又有社会保障、生产结构和法制建设方面的制约，是多种因素共同作用的结果。企业破产难主要表现为"四不"：……（《人民日报》，1995年1月30日）

（41）选自《人民日报》的一篇报道。报道首先把企业破产难的原因用"四不""总提"，然后分别以"职工群众不愿'破'""企业领导不想'破'""银行不让破""政府不敢'破'"为节点，依次展开，每个节点下都是一个完整的段落。现把报道的组织结构图示如下（见图2-3）。

形式概括型数括词语直接用于篇章标题的情况也很多。例如：

（42）现场会要防止"四差"。（《人民日报》，1995年1月17日）

（43）"有偿服务"六戒。（《人民日报》，1995年1月16日）

（44）干部三懂　群众三知　关心三到。（《人民日报》，1995年1月2日）

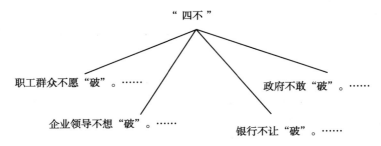

图 2-3　"四不"的篇章组织功能示意

（42）—（44）都是摘自《人民日报》的例子。"四差""六戒"及"三懂""三知"和"三到"都是直接用于篇章标题的数括词语。

　　作为一种篇章组织手段，形式概括型数括词语通常也是所在小句的表达重心或重点，即语用上的所谓焦点，用温锁林先生（2001）的话说，就是"一句话中说话人传达给听话人最重要的信息，或是由于表达的需要而着重说明的部分"。如果小句又是篇章的主题句，那么，小句的焦点自然就是整个篇章的表达重点。例如：

　　（45）"郑和"舰在服役的短短 7 年里，赫然创下了"七个第一流"。（《人民日报》，1995 年 1 月 27 日）

　　（46）这位乡长坦诚地告诉记者，一到春天，便有三大烦恼。（《人民日报》，1995 年 1 月 27 日）

　　（47）欧盟的扩大在联盟内部引起两个不平衡。（《人民日报》，1995 年 1 月 25 日）

　　（48）在这个系统里要达到"四化"。（《人民日报》，1995 年 1 月 6 日）

　　（49）具体来说，就是要做到"三个结合"。（《人民日报》，1995 年 1 月 6 日）

　　（50）近日，我走访了一些军烈属，了解到春节来临之际，他们有四盼。（《人民日报》，1995 年 1 月 25 日）

（45）—（50）中，"七个第一流""三大烦恼""两个不平衡""三个结合""四盼"等，都在句中充当宾语，从语用平面看，正好是句子新信息的核心所在，具有很强的篇章组织功能。

第五节　形式概括型数括词语的修辞价值

在前一小节里，我们主要是从篇章照应和组织两个方面进行观察的，着眼于篇章。这是从宏观角度作出的观察。下面从微观角度对形式概括型数括词语的表达功能和表达效果进行考察。

如前所述，如果纯粹从传递信息的角度看，形式概括型数括词语在很多情况下实际上都是一种冗余成分，但就是这种看似多余的成分，却具有其他修辞手段难于企及的表达效果。对此，笔者（吴思聪，2006）曾专文进行过讨论，认为形式概括型数括词语主要具有三个方面的修辞价值，即（1）具有强调、凸显特定的话语内容或表义取向的作用；（2）可以表达、凸显特定的情绪与情感；（3）具有行文简洁凝练、表意决断有力的表达功效。[①]

一　强调、凸显特定的话语内容或表义取向

凡是形式概括型数括词语，不论最初的动机如何，都有强调、凸显某种表意取向或某方面内容的作用，大多具有明显的修辞动机，这时，在分布和句法位置上，通常具有两个显著特点：

一是数括词语在前，言内指称对象，即初始表达式在后，中间以"即"、括号、破折号或冒号隔开。例如：

（1）针对一些不法分子采用"三假"（假报关、假印章、假签名）手法骗取出口退税较为严重的现状，各地海关在严格审核报关单的同时，提高货物查验率，对资信差的企业实行重点审单、重点查验。（《人民日报》，1995年4月3日）

（2）然后，开展"三清三查"，即清项目，查依据；清款项，查标准；清开支，查去向，对全县11个群众反映突出的乡镇，组织专门班子进行重点清理。（《人民日报》，1995年4月2日）

---

① 笔者当时使用的称谓是"凝缩语"，指的主要是这里的"形式概括型数括词语"。

二是数括词语先充当定语，与中心语一道构成一个定中短语，又以相应的初始表达式作为外层定语，形成两层定语套叠的格式。例如：

（3）宁波镇海中学针对普遍存在的重分数、轻思想，重个人发展、轻集体观念，重娇骄两气、轻艰苦奋斗的"三重三轻"现象，对学生进行教育。（《人民日报》，1995年1月7日）

（4）各队均以从严、从难、从实战出发，坚持大运动量训练的"三从一大"科学训练原则为标准，积极开始了备战2008年北京奥运会的周期训练计划。（新华网，http：//news. xinhuanet. com/sports/2006-01/ 18/content_ 4068096. htm）

（5）他们组织专班落实现役军人各项优抚政策，发动群众广泛开展"为拥军开一次会，为军人写一封信，为军属做一件好事"的"三个一"活动。（《人民日报》，1995年1月17日）

（6）今年他们在常规抓法之外还使了"绝招"：从车站、车间到班组，层层签订了确保春运不死、不伤、不着火、不爆炸、不脱轨的"五不"责任状，每人上交300元风险抵押金。（《人民日报》，1995年1月12日）

（3）—（6）中，"三重三轻""三从一大""三个一""五不"分别充当"现象""科学训练原则""活动"和"责任状"的定语，各自形成一个定中短语，然后又以相应的初始表达式作为定中短语的定语，形成"初始表达式+的+数括词语+名词性词语"的表达模式。这种表达模式

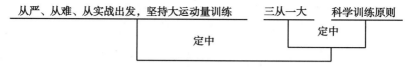

图 2-4 形式概括型数括词语的凸显模式

可以"三从一大"为例（见图2-4）。形式概括型数括词语与其篇内指称对象的这种篇内分布和句法关系显然留有刻意安排的痕迹。从信息传递的角度看，形式概括型数括词语所传递的信息与其言内指称对象传递的信息完全一致，实际上是一种冗余成分。如果不是为了强调和凸显，完全可以不用。例如，（4）就可以改为"各队均以从严、从难、从实

战出发，坚持大运动量训练的科学训练原则为标准，积极开始了备战2008年北京奥运会的周期训练计划"。不过这样一改，发话人原先要凸显、强调的内容不再突出，表达效果大打折扣。

二　表达、凸显特定的情绪与情感

由于形式概括型数括词语具有强调、凸显特定语义内容或表义取向的作用，所以在一定条件下可以成为表达特定情感与情绪的有效手段。例如：

（7）一怕不接地气的政策，二怕心血来潮的活动，三怕走马观花的调研，四怕无穷无尽的材料，五怕不讲道理的问责——据《半月谈》8月27日报道，一些地方，基层干部普遍感到压力大、工作苦、生活难，内心有着不少难言之隐和后顾之忧，其中最让他们头疼的是工作中的"五怕"。（http://theory.people.com.cn/n1/2018/0829/c40531-30258183.html）。

（7）不仅略带几分调侃和幽默，还表达了发话人内心的几多无奈，用"五怕"总提，然后一一道来，使这种无奈得到了突出和放大，具有很强的感染力。

三　展现行文简洁凝练、表意决断有力的风格

形式概括型数括词语语音上完全符合汉语以双音节结构为主的韵律特点，读起来朗朗上口，铿锵有力，用以称说或指代篇章内一个较长的话语片断，具有两个明显的优势：

一是可以化冗长为简练，化笨拙为灵巧，既避免了重复和累赘，又便于措辞和构句。例如：

（8）农业部首次将冬种、冬管、冬季积造有机肥提炼概括为"三冬"农业，并为此召开全国"三冬"农业工作电话会。（《人民日报》，1995年1月9日）

（8）摘自《人民日报》的一篇报道。该报道7次使用"三冬"指代"冬种、冬管、冬季积造有机肥"，不仅大大缩短了篇幅，也有效避免

了句子的冗长和笨拙。报道中，"从'三冬'看夏粮""提出'三冬'农业""布置'三冬'农业"等短语，读起来无不朗朗上口，干净利落，毫无笨拙、拗口的弊病。

二是表意斩钉截铁、毫不拖泥带水，例如：

（9）规定重申……要严格执行六不准，即：不准动用公款，不准无偿动用公车、公物，不准占用公共场所，不准印发请柬，不准收受下属单位和人员的礼品，不准私事公办，借机贪占国家、集体财物。（《人民日报》，1995 年 1 月 5 日）

（10）发展乡镇企业……要坚持"三看三不看"。即在所有制上，不看比例看发展，坚持国家、集体、个体、股份制几个轮子一齐转，哪个转得快，就让哪个转。在调整结构上，不看产业看市场，农、工、商、运、建、服多种产业一齐上，能发展什么就发展什么，什么有市场就上什么；在发展速度上，不看产值看效益，只要效益好，有市场，能发展多快就发展多快。（《人民日报》，1995 年 4 月 7 日）

例中，"六不准"表达了一种势在必行、不容违抗的气势；"三看三不看"通过两个数括词语的并列联合，"看"与"不看"，把两种观点放在一起而又态度鲜明，取舍明确，具有很强的说服力和感染力。

本节从篇章功能和表达功能两个方面对形式概括型数括词语的语用、修辞价值进行了考察。从篇章的角度看，形式概括型数括词语集篇章指示、提及和照应的特点于一身，以独特的提及方式，在篇章指示、篇章照应和篇章组织方面发挥着重要作用。从表达的角度看，形式概括型数括词语可以凸显、强调特定的话语内容或表义取向、凸显特定的情绪与情感，显得简洁凝练而又决断有力。不过需要指出的是，作为一种语用现象，形式概括型数括词语具有"一专多能"的特点。尽管发话人在拟用形式概括型数括词语的时候可能只是出于某一方面的需要，但一经使用，便可同时发挥多种功能。

第六节　小结

本章从结构要素、句法功能以及语用功能和修辞价值三个方面对现代汉语中数量最大、使用最为普遍，同时也是最不稳定的一类数括词语——形式概括型数括词语，进行了全面、系统的考察。考察形式概括型数括词语的结构要素——受限成分时，着重考察了受限成分的多样性和求补性，指出：形式概括型数括词语的受限成分可以由多种不同性质的语言单位充当，而这些性质不同的语言单位一般情况下是不能与数词或数量短语发生直接的组合关系的，所以进入数括词语后，仍然保留着与其常规组合对象的组合趋势或需求。正是这种求补性使形式概括型数括词语获得了表义上的灵活性、包容性与可塑性，奠定了形式概括型数括词语发挥其特有的句法、语用功能，体现其价值的条件和基础。考察形式概括型数括词语的句法功能时，不是仅局限于形式概括型数括词语可以充当什么样的句法成分，而是进一步考察形式概括型数括词语，作为一个整体，倾向于充当什么样的句法成分。观察发现，形式概括型数括词语在定语位置上的分布最为广泛，在宾语位置上的分布次之。宾语位置上的形式概括型数括词语多集中于充当"实现""实行"类动词的宾语，作为定语，则以充当涵义定语为主要选项之一，且充当涵义定语时多以表达"方针""政策""活动"等内容的抽象名词为主要组合对象。宾语、定语位置上的形式概括型数括词语在表义倾向上明显一致，显示形式概括型数括词语多用于表达方针、政策、原则、活动、观点等方面的具体内容。

考察形式概括型数括词语的语用功能和修辞价值时，侧重于形式概括型数括词语在动态使用中所表现出来的功能和价值，发现形式概括型数括词语在篇章指示、篇章照应和篇章组织等方面都表现出了独特的价值。作为一种篇章指示和篇章照应手段，形式概括型数括词语既具有一般篇章指示、照应手段的共性，又有自身的特色，这就是以提及（mention）的方式发挥其篇章指示和照应功能。正当西方语用学为如何有效区分篇章指示与篇章照应以及如何处理篇章指示、篇章照应与提及之间的关系而苦苦思索的时候（Levison，1983），形式概括型数括词语集三种角色于一身，又提出了一个新的难题，同时也给我们以某种启示。本书虽然没有就此展开讨论，但可以作为今后的一个努力方向。

第三章

语义概括型数括词语

　　语义概括型数括词语是以全新的语素、词或短语冠以表示概括对象项数的数词或数量短语构成的数括词语。由于能以受限成分直接概括一组并列对象的共性，所以，语义概括型数括词语一旦与概括对象建立联系，便可在一定范围内直接指称其概括对象，因而在句法表现、语用功能和修辞价值等方面，都与形式概括型数括词语明显不同。

　　现代汉语中，语义概括型数括词语的数量有限，而且其中大部分还是从古代汉语中继承下来的。本章收集到的 105 个语义概括型数括词语中，从古代汉语继承下来的有 81 个，约占 77%，属于现代汉语的只有 24 个，约占 23%。不过，现代汉语与古代汉语的语义概括型数括词语，数量上虽然有多少之别，但形成机制与句法、语用表现并没有质的不同。所以，本章在必要时也引用古代汉语中的数括词语作为例证。

第一节　语义概括型数括词语的受限成分与概括方式

　　语义概括型数括词语的限定成分表示数括词语概括对象的项数，实际上起着明确概括对象外延的作用，所以与概括对象的关系较为单一。受限成分表示概括对象的共同特征或所属范畴，但如何表示，或者说如何概括，却可以有不同的方式。本章根据现有语料，归纳了三种方式，即直接概括、借代概括和比喻概括。

一　直接概括

　　所谓直接概括就是以全新的语素、词或短语作为受限成分，直接对一组并行列举的对象进行概括，中间没有借代、比喻等过程。根据受限成分与初始表达式之间的语义关系，这里分三种情况进行讨论。

（一）全面概括

从语义上对一组并行列举的事物或思想内容进行直接、全面的概括，要求充当受限成分的语言单位在意义上能够涵盖初始表达式中的并列各项，即可以作为并列各项的上义词或者上义成分使用。例如：

（1）二十四节气反映了太阳的周年运动，所以节气在现行的公历中日期基本固定，上半年在 6 日、21 日，下半年在 8 日、23 日，前后不差 1~2 天。（农历网，http：//www. nongli. com/）

（2）饮食公司积极宣传有关"四病"与饮食关系的知识。（《健康报》，1987 年 6 月 23 日）

（3）中国人民解放军担负的三大任务是三位一体的。（互动百科，www. hudong. com/）

（1）—（3）中，"二十四节气"指立春、雨水、惊蛰、春分、清明、谷雨、立夏等 24 个反映季节变化、指导农事活动的时间点，与太阳在黄道上的位置一一对应。"节气"一词在语义上能够完全涵盖"立春""立夏""立秋"等二十四个节气的名称。也就是说，"春分""谷雨"等，都是"节气"的下义词。"四病"指恶性肿瘤、冠心病、脑卒中、高血压，充当受限成分的"病"为上义词，表示属概念，"恶性肿瘤""冠心病""脑卒中""高血压"等为下义词，表示种概念；"三大任务"指打仗、筹款、做群众工作，都属于"任务"的范畴。

从语义上对指称对象进行全面概括而形成的数括词语与以数词或数量短语为定语、在篇章内起临时概括作用的普通定中短语形式上没有差异，实则不同。前者，即数括词语，可以在一定范围、一定时期内独立使用，通常无须借助相应初始表达式。如"二四节气"，从古至今，几乎无人不晓；"四书五经"指《论语》《孟子》《大学》《中庸》及《诗经》《尚书》《礼记》《周易》《春秋》，也早已深入人心。我们在使用这些数括词语时通常无须追根溯源，受话人通常也不会刨根问底。后者，即普通的定中短语，则仅限于其所在篇章，离开具体的语境，意义虽然可以理解，但确切的指称对象却不清楚。例如：

（4）北京中南机电公司近日推出 9409 型超大烟屏抽油烟机。该机的特点具有三大优势。一是抽油烟屏面积大；二是抽风量大，噪音低；三是特设网罩集油盒，使网罩滴油问题得以解决。（《人民日报》，1995 年 4 月 1 日）

（4）中，"三大优势"与"三大纪律""二十四史"等数括词语相比，形式上完全相同，但本质上却完全不同。首先，与"三大优势"对应的是一组主谓短语，分别为"抽油烟屏面积大"；"抽风量大，噪音低"（包括两个并列的主谓短语）和"特设网罩集油盒，使网罩滴油问题得以解决"，都是对 9409 型超大烟屏抽油烟机性能进行描述的，"优势"一词不能作为这样一组短语的上义词使用。另外，"三大优势"这一短语一旦离开了《人民日报》这篇报道便没有了具体内容。

（二）对某一属性进行概括

这样的数括词语，受限成分仅限于概括一组特定对象区别于同类的某一共同特征，根据需要，受限成分可以是名词性成分，也可以是形容词性成分。例如：

（5）计票结果出来，被誉为村里"三大能人"的党员个体户李安兴、宫佃华、李德修得票领先，掌声骤起。经镇党委批准，他们三人分别担任了党支部书记、副书记。（《人民日报》，1995 年 4 月 6 日）

（6）瞿秋白、张太雷、恽代英是我党早期重要领导人，也是常州 4000 多名英烈中的杰出代表，人称"常州三杰"。（《江南时报》，2005 年 5 月 23 日）

（7）西湖"三怪"是断桥不断、孤山不孤、长桥不长。（新华网，http://news.xinhuanet.com/travel/）

（5）—（7）中，"三大能人"指<u>李安兴、宫佃华、李德修</u>，"能人"概括了他们与村里其他人的不同——才能出众。虽然报道中出现了他们的名字，但既"被誉为村里的'三大能人'"，即使没有他们的名字，村里人自然也是知道其确切所指的；"常州三杰"中，"杰"意为"才能出众的人"，"杰"则概括了瞿、张、恽三人与常州其他人的不同，即"才能出众"，"三"则起明确外延的作用；"三怪"的受限成分为形容词，概括了西湖风景名与实不符的现象。"三大能人""三杰""三怪"都带有各自的定语（依次为"村里的""常州"和"西湖"）。这说明，语义概括型数括词语有地域、行业和时空上的局限。"云南十八怪"也有异曲同工之妙。

（三）对功能、价值作出定位或判断

这类数括词语以受限成分从特定角度对一组并行列举的对象进行功能定位或作出功利判断。充当这类受限成分的语言单位，不论是语素、词或短语，通常都带有明显的色彩意义。例如：

（8）据广西警方透露，已查获三百名参与"六害"活动的国家干部，并将对他们依法处理。（王均熙《现代汉语缩略语词典》引自《报刊文摘》，1990 年 2 月 6 日）

（9）我在心里着实感谢着他。无怪阿，古时候的人要把朋友算作五伦之一了。（王均熙《现代汉语略语词典》）

（10）两国政府一致同意把和平共处五项原则列入公报和协定中，把它作为指导两国关系的准则。（新华网，http：//news.xin-huanet.com/）

（8）中，"六害"指卖淫嫖娼、制作贩卖传播淫秽物品、拐卖妇女儿童、私种吸食贩运毒品、聚众赌博、利用封建迷信骗财害人等六种行为，"害"是对六种行为作出的价值判断；（9）中，"五伦"指君臣、父子、夫妇、兄弟、朋友等五种尊卑、长幼关系，被认为是不可改变的伦常，"伦"是对这五种关系的功能定位；（10）中，"五项基本原则"指互相尊重主权和领土完整、互不侵犯、互不干涉内政、平等互利、和平共处，是国家外交的纲领性政策，即"基本原则"。把它们叫作"原则"，也是一种功能定位。

二　借代概括

借代是一种修辞手法，就是不直接说出要说的人或事物，而借用与本体密切相关的事物称说本体的修辞方式（骆小所，2001）。如果按照修辞学的传统，把受限成分的概括对象叫作本体，把用来代替本体的事物叫作代体，那么，所谓借代概括就是以表示代体的语言形式作为数括词语的受限成分对本体某方面的共同特征进行概括。这种概括方式多见于古代汉语，现代汉语中并不多见。从所收集的语料看，可分为七类。

（一）以材料代本体

所谓以材料带本体，这就是以表示材料的语言形式作为数括词语的受限成分对本体进行概括。现代汉语中，这种借代概括方式比较少见，目前还没有发现这样的例证。下面是古代汉语中的两个例子：

（11）魏其，大将也，衣赭关三木。（司马迁《报任安书》）①
（12）教大成，定三革，隐五刃，朝服以济河而无怵惕焉，文事胜矣。（《国语·齐语》）

（11）中，"三木"为古代加在犯人颈、手、足上的三种刑具。"木"本来表示古代制作刑具的材料，借作"刑具"，为"三木"的受限成分。（12）中，"革"本义为"去毛的兽皮"，古代用来制造盔甲、盾牌等，在古代汉语里也经常借作"革制的盔甲、盾牌等"②，本身已是一种代称。例如：

（13）兵革非不坚利也。（《孟子·公孙丑下》）
（14）故坚革利兵不足以为胜也。（《史记·礼书》）

（12）中，"革"被冠以数词"三"，专指革制的甲、胄、盾。

---

① 本章凡古代汉语中的用例，如不特别注明，均摘自商务印书馆《辞源》，1983年修订第一版。下同。

② 参见张双棣、陈涛《古代汉语字典》，北京大学出版社1998年版。

（二）以颜色代本体

以颜色代本体就是以表示言外指称对象颜色的语言形式作为数括词语的受限成分对本体进行概括。例如：

（15）对太湖的了解，是自己来到了太湖边上，随船行到了太湖深处，才真正地听到看到一些关于太湖的故事和知识。其中就有太湖三白——白鱼、白虾和银鱼。（中国通用旅游，http：// www. 51766. com/articles/）

（16）日常饮食中，食盐、白糖、白酒、食用油的超量食用，是导致慢性病（如高血压、糖尿病等）的首要因素，营养学家把这"三白一黄"比作厨房中的定时炸弹，一旦搭配不调、食用不当，随时危害健康。（成都吃典，http：//cdcd. scol. com. cn/）

（17）吃要远"三白"、近"三黑"。（人民网，http：// health. people. com. cn/）

（15）—（17）是现代汉语的用例。两组事物，白鱼、白虾、银鱼及食盐、白糖、白酒均为白色，所以都用"白"予以概括；食用油为黄色，所以用"黄"来代称。"三黑"指木耳、紫菜、紫米，三者均为黑色。

古代汉语中也有这样的数括词语。据宋代晁载之《续谈助》引唐代杨华《膳夫经手录》称，唐代称萝葡、盐、饭为"三白"，因为萝葡、盐、饭均为白色。①

（三）以产地、属地代本体

以产地、属地带本体就是以产地或属地名称作为数括词语的受限成分对本体进行概括。例如：

（18）二冬并称而殊，三建异形而同出。（《宋书·谢灵运传·山居赋》）

（19）城关辅三秦，烽烟望五津。（王勃《王子安集·杜少府之任蜀州》）

---

① 参见商务印书馆《辞源》（1983 年修订第一版）"三白"条。

　　（20）三晋和而秦弱，三晋离而秦强。（《战国策·秦策》）

（18）中，"三建"指附子、天雄和乌头，均产于建平，故名；（19）中，"三秦"泛指今天陕西省一带。据《史记·项羽本纪》记载，项羽破秦入关，三分关中，以降将章邯为雍王，据咸阳以西之地；司马欣为塞王，据咸阳以东至黄河一带；董翳为翟王，据今陕西北部，合称三秦。（20）中的"三晋"指春秋末年的韩、赵、魏三国，由韩、赵、魏三家卿大夫三分晋国而建立。

　　（四）以器具代本体

　　以器具带本体就是以与本体相关器具的名称作为数括词语的受限成分对本体进行概括。例如：

　　　　（21）晏子相景公，食脱粟之食，炙三戈、五卵、苔菜耳矣。（《晏子春秋·内篇·杂》）
　　　　（22）又朝服以食，特牲三俎。（《礼·玉藻》）

例中，"三戈"指三种鸟，戈为古代兵器；（22）中，"三俎"指豕、鱼、腊三样祭品。"俎"为古代礼器，在祭祀或宴饮时用来放置祭品或食物。

　　（五）以先祖代子孙

　　以先祖代子孙就是以先祖的名字作为数括词语的受限成分指称特定的几个子孙。例如：

　　　　（23）哀姜归齐，哭而过市，曰："天乎！襄仲为不道，杀适立庶！"市人皆哭，鲁人谓之"哀姜"。鲁由此公室卑，三桓强。（《史记·鲁周公世家》）

（23）中，"三桓"指春秋时期鲁国大夫孟孙、叔孙和季孙，他们都是鲁桓公的后代，故称。

　　（六）以标识代本体

　　以标识代本体就是以显示身份、地位标识的名称作为数括词语受限成分指代本体。例如：

（24）杨仆三组捶腰，苏秦六印在手。（杜牧《樊川集·上周相公启》）

（25）参差万载合，左右八貂斜。（《唐诗纪事·元日早朝》）

例中，"组"本指悬挂印章的丝带，冠以数字"三"，用作代表古代三种官职的印章。"貂"原指唐代左散骑、右散骑、侍中、中书令所带的金蝉珥貂，用作四种官职的代称，每个官职设二人，称"八貂"。[1]

（七）以机能代本体

以机能代本体即以表示一组特定事物功能的词语为数括词语受限成分来指代本体。例如：

（26）上法圆天，以顺三光。（《庄子·说剑》）

（27）当时结婚的新人都追求"三转一响"，即缝纫机、自行车、手表、收音机等。（《广州日报》，2006年2月18日）

（26）中，"三光"指<u>日、月、星</u>，它们都是发光的星体；（27）缝纫机、自行车和手表能转，收音机会响，所以分别用"转"和"响"来概括。

前面我们根据代体的不同，归纳了受限成分的七种借代概括方式，但这并不意味着只有这七种方式。实际上，只要符合借代的要求，能表示概括对象的共同特征或所属范畴，都可能成为代体，充当数括词语的受限成分。一些借代概括方式，如以产地、属地带本体，以先祖代子孙，以标识代本体等，现代汉语中已很难找到例证，但也不是完全没有可能，所以也一并列出，并以古代汉语中的例证作了简要说明，目的在于对借代概括有一个较为全面的认识。

三　比喻概括

比喻是"抓住本质不同的事物之间的相似点，用一事物来描写所要

---

① 参见商务印书馆《辞源》（1983年修订第一版）"八貂"条。

表达的另一事物的修辞方式"（骆小所，2001；骆小所、周芸，1999）。
被描写的事物叫本体，用于描写本体的事物叫喻体。这里还是借用修辞
学的概念，把受限成分的概括对象叫作本体，把用于比喻本体的事物叫
作喻体。所谓比喻概括就是以表示喻体的语言形式作为数括词语的受限
成分对本体所进行的概括。例如：

（28）初，彪兄弟三人，并有高名，而彪最优，故天下称曰
"贾氏三虎，伟节最怒"。（《后汉书·党锢传》）

（29）若违教，值三豹。（《新唐书·王旭传》）

（30）在 2004 年的人均 GDP 指标上，在四小龙中，台湾退居
龙尾。（南风窗在线，2006 年 2 月 2 日，http：//www. nfc-
mag. com／）

（31）提起"四大天王"，大家很自然就会想起九十年代香港
乐坛全盛期的"四大天王"（排名不分先后：刘德华、张学友、郭
富城、黎明），而此次，"四大天王"指的是男孩乐队的四位俊男
成员——连凯、陈子聪、吴彦祖和尹子维。（sina·影音娱乐世界，
http：//ent. sina. com. cn／）

（28）中，虎本为猛兽，这里比喻以杰、雄著称的人，冠以数词"三"
专指同时代以杰、雄并称的三个人，这里指贾氏三兄弟。（29）中，
"豹"比喻以残暴著称的唐代监察御史王旭、李嵩和李全交三个酷吏。
（30）—（31）是现代汉语的用例。"龙"是中华民族的图腾，也是汉
文化的象征。韩国、中国香港与台湾地区和新加坡都深受汉文化的影
响，所以被比作龙。"天王"本指离人世最近的天神，这里比喻在某个
领域占统治地位的人，冠以数词"四"，专指 20 世纪 90 年代的歌手刘
德华、张学友、郭富城、黎明或现在的连凯、陈子聪、吴彦祖和尹
子维。

比喻概括中，数括词语的受限成分虽然以比喻的方式对一组特定事
物的共同特征进行概括，但本体却不在数括词语中出现，用修辞学的术
语说，这实际上是一种借喻。

四　小结

上面我们归纳了语义概括型数括词语的受限成分表示概括对象的共同特征或所属范畴的三种方式。从功能类型看，充当受限成分的语言单位以名词性成分居多，但也可以是形容词性的。例如：

（32）2 月 5 日，在戴维斯杯网球赛上，奥地利选手马斯特战胜西班牙选手，进入四强。（《人民日报》，1995 年 2 月 7 日）

例中，"四强"的受限成分"强"为形容词。但形容词通常不能与数词组合成为定中结构，只有在数括词语中例外。这说明，形容词与数词在组合后，实际上已经蜕变为一个体词性成分，在汉语中，这只有在数括词语中才有可能。英语中，形容词在特定的语境中也可以带定冠词作定语，整个定中结构为定指性成分，其定指标记就是定冠词 the。试比较：

四强：the four strongest
被告：the accused（法庭上，法官称呼被告时的用语）；
未亡人；失去亲人的人：the bereaved

这是否意味着，数括词语中充当限定成分的数词或数量短语，在表示数量的同时，还承载了限定性的语义成分？答案似乎是肯定的，因为仅凭受限成分，虽然可以表示概括对象的共同特征或所属范畴，但却不能单独作为定指成分使用。

第二节　语义概括型数括词语的句法表现

作为一种名词性成分，与形式概括型数括词语一样，语义概括型数括词语也可以充当主语、宾语（包括介词宾语）和定语。例如：

（1）"八项主张"具有时代意义，召唤两岸关系的新阶段。（《人民日报》，1995 年 3 月 16 日）

（2）二十四节气反映了太阳的周年运动，所以节气在现行的公历中日期基本固定，上半年在6日、21日，下半年在8日、23日，前后不差1—2天。（农历网，http://www.nongli.com/）

（3）北京金盏医院专家门诊部中医专家史群友，在研究前人中医学的基础上提出了治疗肝病的"四纲八法"，对治疗肝病有良好的效果。（《人民日报》，1995年4月6日）

（4）夏衍同志……出版了《新台湾》杂志……，指出台湾人民的出路即推翻"三座大山"建立人民民主制度，同时反对美帝策划的分离台湾的阴谋活动。（《人民日报》，1995年3月3日）

（5）通过各级党团组织，出政治题目，发动群众写文章谈对三面红旗的认识。（王均熙《现代汉语略语词典》）

（6）我们革命多年，当然要把反映"三座大山"意志的旧法律彻底打碎。（《人民日报》，1995年3月27日）

（7）我们福州要创新优势，就必须发挥地域优势，吸引外资，力争在2010年达到亚洲"四小龙"的水平。（《人民日报》，1995年3月13日）

（1）—（7）中，"八项主张"和"二十四节气"为主语；"四纲八法""三座大山""三面红旗"为宾语（介词宾语）；"三座大山"和"四小龙"为定语。

仅从句法平面看，语义概括型数括词语与形式概括型数括词语的句法功能似乎没有什么差别，但实际上却有自身的特点，尤其在充当定语时与形式概括型数括词语明显不同。

第三章里，我们根据邢福义先生（2002）的分类框架，在物体类定语和状况类定语两个大类下讨论了形式概括型数括词语在不同定语类型间的分布情况，发现定语位置上的形式概括型数括词语以充当状况类定语下的涵义定语为主要选项之一。[①] 语义概括型数括词语则以充当物体类定语为主，主要表示人或事物及相关的时间、方所等意义。例如：

---

① 邢福义先生（2003）所说的状况类定语下没有区别性定语。事实是本书沿用邢福义先生的大类框架，而在状况类定语下增加了一类，即区别性定语。

（8）1978年，湖北随县发掘的战国早期曾侯乙墓中，出土有一只漆箱盖，上面绘有二十八宿的全部名称。

（9）在民间崇拜的神仙中，以"八仙"影响最大。有关"八仙"的故事在民间广为流传。

（10）"作善降祥"的古训，六朝人本已有些怀疑了，他们作墓志，竟会说"积善不报，终自欺人"的话。

（11）从十三陵的樱桃下市到枣子稍微挂了红色，这是一段果子的历史——看吧，青杏子连核儿还没长硬，便用拳头大的小蒲篓儿装起，和"糖稀"一同卖给小姐与儿童们。

（8）—（11）中，"二十八宿""八仙""六朝""十三陵"都是指人或事物的体词性成分，都是物体类定语。

邢福义先生（2002）指出："物体类定语由体词性语词充当"，"状况类定语由谓词性语词充当"。这是定语与中心语相互选择的结果。充当什么样的定语，在一定程度上，反映了定语位置上的名词性成分的某些性质和特点。语义概括型标数结构与形式概括型数括词语一样，虽然都是名词性成分，但两者相比，语义概括型数括词语的名词性强于形式概括型数括词语。这与两类数括词语的受限成分不同密切相关。

语义概括型数括词语的受限成分通常为名词性成分，有的虽然可以由谓词性成分充当，如"四强""三转一响"等，但不仅数量有限，而且这时的动词或形容词，如这里的"强""转""响"等，表示相应数括词语的概括对象的共同特征或属性，与数词结合后，实际上与名词性成分已经没有太大的区别，或者说，已经"名物化"①了。所以，语义概括型数括词语的概括对象多为一组并行列举的人、事物或现象，如"四小龙""四害"②"十八罗汉""二十四史""四书五经"等。当然，语义概括型数括词语也可以表示一组抽象的思想内容或观念，但这样一

----

① 所谓"名物化"，也有人叫"名词化"，本来是就主宾语位置上的动词、形容词而言的，意思是说，这样的动词或形容词实际上是做名词用的，即已经"名物化"或者"名词化"了。朱德熙先生不同意这种观点，认为"这种说法不仅在理论上站不住，在实际的语法教学上也是没有意义的"（朱德熙，1961）。

② "四害"根据语境，可指江青、张春桥、姚文元、王洪文或者老鼠、苍蝇、蚊子、麻雀。

组思想内容或观念在语义概括型数括词语里通常是用一个现成的名词性语素、词或短语加以概括的。例如：

    五常 仁、义、礼、智、信——常

    三大纪律 一切行动听指挥、不拿群众一针一线、一切缴获要归公——纪律

    五伦 君臣、父子、兄弟、夫妻、朋友——伦

    由于需要使用现成的、词汇意义没有虚化的语素、词或短语，所以语义概括型数括词语与言外指称对象一旦建立联系便可以直接指称言外事物。不过这也极大地限制了语义概括型数括词语的灵活性。

    形式概括型数括词语则不同，由于其受限成分的篇章功能首先是建立数括词语与初始表达式之间形式上的关联，或者说起提及初始表达式中并列各项的作用，具体意义或内容则依赖初始表达式来列举或阐述，而初始表达式又可简可繁，既可以仅仅是一组并列的词或短语，也可以是一组并列的句子，甚至可以是一组并列的段落。这就极大地增强了形式概括型数括词语的概括能力、语义容量及适应表达需要的能力。例如：

    （12）1994 年秋粮上市后，我市粮食部门仅用了一个多月的时间，就圆满完成了 1.78 亿公斤的国家粮食定购任务，入库总量达 4 亿多公斤，占全市社会余粮的 70%。据调查，市里解决购粮难的主要办法是"四抓"：

    抓政策。凡应该给予农民的好处，坚决予以兑现。1994 年全市农民仅粮价提高这一项就比头年增收 2 亿多元，人均增收近 300 元。在全市没完成定购任务前决不放开市场。不向农民打"白条"。全市全年粮油收购总值 5.4 亿多元，已全部与农民结清账，付款率达 100%。从而调动了农民的售粮积极性。

    抓服务。全市粮食部门增设收购网点 71 个，同时改变收购方式，采取下乡收购、预约收购等措施，尽量方便农民卖粮。市粮食局 50 多名机关干部组成 23 个工作组分驻各粮管所，与基层粮店干

部职工同吃、同住、同收购 100 天，受到当地政府好评。

抓管理。按照国务院、省政府有关文件精神，工商、税务、公安、交通、粮食等部门紧密配合，加大宣传和管理力度，使绝大多数非国有粮食收购单位和个体户受到了教育，他们自觉遵守有关规定，不去农村参与粮食收购，为国有粮食部门的收购工作创造了较好的市场环境。

抓领导。秋粮登场后，市委常委多次研究粮食收购工作，市委书记每天掌握粮食入库进度、审签粮食收购简报，市长亲自作收购动员，在全市定购任务完成后，又及时指导粮食部门调整收购策略；各区、镇、乡、街办把粮食收购作为党委、政府的重点工作来抓，普遍推行了镇、乡干部包村、村干部包组、组干部包户、党员包重点人的粮食收购责任制，全市近 3000 名农村基层干部深入村组组织指挥，发现问题及时解决，确保了粮食入库工作的顺利进行。（《人民日报》，1995 年 2 月 8 日）

（12）中，"四抓"的受限成分"抓"为二价动词，其论元结构要求有两个体词性成分与之配位，一个是"市里"，另外则依次为"政策""服务""管理"和"领导"，每一"抓"又统摄一个段落。这样，"四抓"对应的初始表达式实际上是一组并列的段落。可见，形式概括型数括词语的信息容量是语义概括型数括词语无法企及的。这为形式概括型数括词语提供了更大的表义空间和灵活性，从而更适于表达那些难以"一言以蔽之"的思想内容或观念。这反映在句法功能上，就是形式概括型数括词语名词性特征的弱化。形式概括型数括词语大多倾向于充当状况类定语，尤其是其中的涵义定语，正是这种弱化在句法上的反映。① 语义概括型数括词语的受限成分则只能由可以直接表示概括对象的所属范畴或某种共同特征的语言单位（语素、词或短语）充当，名词性特征强于形式概括型数括词语，但在灵活性、适应性和简便性方面却远逊于形式概括型数括词语。

① 关于形式概括型标数结构的句法功能，请参见本书第三章。

第三节　语义概括型数括词语的指称特点

指称是一个非常复杂的问题，哲学、逻辑学、语言学都从各自不同的角度对此进行探讨和研究，即使只从语言学的角度看，也涉及语义、形态、句法、话语的信息结构和认知等诸多方面，而且各个方面又相互交织、纠缠，形成了一种错综复杂、犬牙交错的局面。这里从语言学的角度进行探讨，且仅限于从有指与无指、有定与无定、类指与专指的对立中寻求对语义概括型数括词语的指称特性进行考察。

一　语义概括型数括词语的有指性

陈平先生（1987）曾经从语义角度把名词性成分首先分为有指与无指两类，并列举了汉语中常见的五类无指成分。一是复合词中的构词成分，如"鸡蛋糕""梨树"中的"鸡蛋"和"梨"；二是分类性表语成分，如"他在加州大学任特约教授"中的"特约教授"；三是比较结构中在"像""如""有"等词语后面的成分，如"这只乌龟足有脸盆大小"中的"脸盆"；四是否定结构中在否定成分管辖范围内的成分，如"口袋里没钱"中的"钱"；五是动宾式离合词里的名词性成分，如"打仗""吵架"里的"仗"和"架"。对此，高顺全（1995）先生认为，第一和第五类无指现象"令人费解"，因为第一类中的"鸡蛋糕"是"糕"而不是"蛋"，第五类中，"打仗"中的"仗"是词还是语素，也尚待研究。第二类无指成分也有不能自圆其说的地方。对此，高顺全引用陈平先生的话作了说明："一方面它不指称语境中任何以个体形式出现的人物……与无指成分有相同之处，另一方面，通指成分代表一个确定的类，与定指成分有相同之处。"（高顺全，1987）显然，所谓"不指称语境中任何以个体形式出现的人物"是以指称成分①与现实世界的对应关系为标准作出的判断。

语义概括型数括词语则与其他名词性成分不同，即使出现在陈平先生列举的五种句法位置上，其有指性也是显而易见的。实际上，语义概

---

① 实际上，作出指称的不是语言符号，而是使用语言符号的人。

括型数括词语除不能作为离合词的构词成分外，在其他四种情况下都可以使用。例如：

（1）A：去五官科？

B：五官是哪五官？你可别搞错了，我可是头疼，不是鼻子疼！鼻炎也会引起头疼。

（2）他是不是"五类分子"？

（3）A：上海有"四小龙"发达吗？

B：这就要具体看了。比新加坡比不上，比韩国的一些边远地区则又要好得多。

（4）我们这里没有"双抢"。

　　（1）属于陈平所说的第一种情况，即充当复合词的构词成分的情况。"五官科"中的"五官"确实不确指语境中任何个人的五官，但与"鸡蛋糕"中的"鸡蛋"相比，"五官科"里的"五官"有其特殊的一面。由于以数词为限定成分，"五官"的外延非常明确，在 A、B 两人看来都是再清楚不过的，指耳、目、口、鼻、舌，具有鲜明的有指成分的特征。也正是因为如此，才会有 A 与 B 之间的这么一段对话。（2）属于充当"分类性表语"的情况。"五类分子"虽然在句中充当"分类性表语"，但指称却是明白无误的，即地主、富农、反革命分子、坏分子、右派分子。（3）属于陈平所说的第三种情况，但在 A 和 B 看来，"四小龙"不仅有指，而且指称对象还是特定的，即韩国、中国香港与台湾地区和新加坡。（4）中，"双抢"也在否定成分的管辖范围内，却是有指的，即抢收、抢种。

　　关于有指与无指的区别，张伯江先生（1997）认为，无指成分着重内涵而非外延。不过这是就普通名词而言的，对"五官科"中的"五官"来说，这就值得商榷了，因为其中起限定作用的数词已经明确了"五官"的外延。对此，我们可以引用刘丹青先生针对类指成分提出的"外延抑制"和"外延恢复"的概念进行解释。

　　刘丹青先生关于类指成分有指性的论述，对我们认识数括词语的有指性很有启发。刘丹青先生（2002）认为，类指"实际上是有外延的，其隐性的外延相当于全量。只是在认知及交际中未被突出，或者说外延在认知上暂时被抑制了。在一定的条件下类指成分可以加上全量词突出外延而基本不改变或完全不改变真值条件"。"五官科"中，"五官"所处的句法环境与刘丹青先生所说的情况虽然不一样，也不能在前面添加全量词①，但由于数词的存在，被抑制的外延，始终处于被强制凸显的状态，或者说，句法环境的抑制作用被强制取消了。所以，"五官科"中，"五官"仍然带有有指成分的鲜明特征。

语义概括型数括词语的有指性看来是由其本身的结构要素决定的，几乎不受句法环境的影响与制约。

二　语义概括型数括词语的有定性

名词性成分的有定与无定也是一个众说不一的问题。目前主要有四种观点，即知晓性②有定（familiarity）、可识性有定（identifiability）、包容性有定（inclusiveness）和唯一性有定（Uniqueness）。不过，四种观点都没能涵盖有定的全部意义。从指称特点看，语义概括型数括词语更适合于用知晓性有定来解释。③

知晓性有定的观点认为，一个指称成分的指称对象如果是交际双方都知晓的，那么这个指称性成分就是有定的，否则就是无定的。如果用这个标准来衡量，语义概括型数括词语在一定的范围内（包括时间范围和空间范围）有鲜明的定指特征。如"四害"根据语境不同，可指<u>江青、张春桥、姚文元、王洪文</u>或<u>老鼠、苍蝇、蚊子、麻雀</u>，"三国"指中国古代的<u>魏、蜀、吴</u>，"三峡"指<u>瞿塘峡、西陵峡、巫峡</u>，这在一定的地域和或时空范围内，都是交际双方共同知晓的。

至于交际双方知晓指称对象的原因，（Lyons，2005）作过详细的讨论，可以大致归纳为三个方面。首先是交际双方所处的物质环境。例如：

---

① 这是充当限定成分的数词使然。

② 知晓性也译作"稔熟性"，见黄锦章（2004）。

③ 关于可识性有定、包容性有定和唯一性有定，请参见 Lyons《限定范畴》，北京大学出版社 2005 年版。

（5）马上开饭了，赶快把桌子擦一擦。

（6）把叠好的衣服放到衣柜里去。

（5）中，"桌子"的指称对象就在交际双方所处的物质环境中，双方都可以看到；（6）中，"衣柜"的指称对象也许不在交际双方眼前，但从交际的物质环境推断，也可以说是双方都知晓的。

其次是百科知识使然。例如：

（7）a 听说总理昨天看到地方官员救灾不力又发火了。

b 太阳落山了。

（7）a 中，"总理"的指称对象也许交际双方都不知道，但在特定的国家说这句话，"总理"的指称对象通常是确定的，即这个国家的总理。

（7）b 中，"太阳"指万物仰仗、每天东升西落的这颗恒星。这是常识。

再次是篇内照应的结果。例如：

（8）我昨天晚上看见一个人鬼鬼祟祟地从教室里走出来，可惜没看清这个人是谁。

（8）中，"这个人"指前面提到的那个人，其定指性决定于指称成分"一个人"和"这个人"之间的照应关系，即它们的指称对象相同，"一个人"引入一个实体，"这个人"则复指这个实体，因而是有定的。

如果定指意味着交际双方对指称对象的知晓，那么语义概括型数括词语的定指性基础是数括词语与初始表达式之间的照应关系。如前所述，语义概括型数括词语的指称对象最初都是由一定的言语形式，即初始表达式引入篇章的，所以数括词语与初始表达式处于一种同指关系之中。

有时也有初始表达式不在篇章中出现的情况，但那是在数括词语与言外指称对象建立起牢固的指称与被指称关系之后的事。例如，1995年1月，当时的国家主席江泽民在《为促进祖国统一大业的完成而继续奋斗》的讲话中（以下简称《讲话》）提出了促进两岸交流的"八点看法和主张"，全部内容共 1581 字。后来人们在各种场合提到这八点看法和主张时，先后用过"江泽民对台八项主张""江泽民八项主张"和"八项主张"等指称讲话中提出的看法和主张。随着时间的推移，"八项主张"逐渐为人们所接受，成为专指《讲话》中这一部分内容的数括词语。人们提到这一内容时，不必也不可能重复这 1851 字的初始表达式，就是因为"八项主张"与这 1851 字的初始表达式之间存在着某种照应关系。如果用 X 来表示这类数括词语，那么必要时我们可以用"X 就是……的 X"这一格式来进行解释。这样解释，并没有重复初始表达式的内容，而是在数括词语与源文本之间建立起一种跨文本的链接。如我们可以说，"八项主张就是江泽民同志 1995 年 1 月在题为《为促进祖国统一大业的完成而继续奋斗》的讲话中提出的促进两岸交流的八点主张"。如果把这种不同篇章间的照应叫作跨篇章照应，那么，日常生活中也不乏这样的例子。例如：

> （9）A：那个人来了！
>
> 　　　B：谁来了？这么神秘兮兮的。
>
> 　　　A：就是我昨天晚上跟你讲的那个人！

（9）中，B 听了 A 的话，不知道"那个人"指谁，所以 A 又提及了两人昨天的谈话。可见，（9）所代表的情况与"八项主张"的情况并没有本质的差别。两者之间的不同仅在于前者限于两人之间，后者则是社会性的。

　　这种跨篇章照应关系，与解构主义文学与文化批评语境中的"互文性"概念非常相近。范颖（2005）引用叙事学家杰拉德尔·普林斯的观点，对互文性作了如下界定："一个确定的文本与它所引用、吸收、扩展或在总体上加以改造的其他文本之间的关系，并且依据这种关系才可能理解这个文本。它包括（1）具体或特殊文本之间的关系；（2）某一文本通过记忆、重复、修正，向其他文本产生的扩散性影响。"另外，范颖（2005）还引用朱莉亚·克里斯蒂的娃观点认为："互文性既包括文本之间空间上的组合关系，又包括此时的文本与彼时的文本在时间上的聚合关系，它体现空间与时间、历时与共时的统一。"① 如果互文，或文本之间的引用（包括吸收和扩展）还伴随着不同程度的改造、扭曲、错位或编辑，那么，语义概括型数括词语的跨篇章或者说跨文本照应，则更忠实于与之对应的初始表达式，因为其言外指称对象就是初始表达式所表述的全部内容或指称对象，已在源文本中由相应的初始表达式作了明确的界定。

　　跨篇章照应的存在，有利于源文本的传播、扩散，并在一定的社会、政治、经济和文化条件下，确立源文本在一定的地域、时空或行业内的话语核心地位。互文性的概念，既是对语义概括型数括词语的跨篇章照应特征的另类阐释，也从另一个角度说明，语义概括型数括词语的形成、传播和传承需要有一定的社会、历史条件。随着社会的发展，有些数括词语免不了要从人们的日常交际中消失，有些则可能在特定的交际领域长期存在。

三　语义概括型数括词语的专指与类指性特征

　　从专指与类指的对立看，语义概括型数括词语无疑是一种类指成分。刘丹青先生（2002）对类指成分进行界定时指出："类指的核心语义是非个体性，即［-个体］。"数括词语以数词或数量短语为限定成分，表示一组并行列举的对象，这就排除了数括词语的个体性。不仅"四害"（老鼠、苍蝇、蚊子、麻雀）这类初始表达式为一组并列的类指性成分的数括词语是类指性的，即便是"四小龙"（韩国、中国香港与台湾地区、新加坡）之类初始表达式为一组专有名词的数括词语也不例外。不过，语义概括型数括词语又与普通的类指性成分明显不同。

　　如前所述，语义概括型数括词语不仅是一种有指成分，而且其有指性不受句法环境的制约。从这个意义上说，语义概括型数括词语具有鲜明的专有名词的特征，但又与专有名词明显不同。严格意义上的专有名词指的是一定范围内独一无二的个体事物，如"长江""喜马拉雅山"等，而语义概括型数括词语指的则是一组特定的事物或思想内容，如"四害"（江青、张春桥、姚文元、王洪文）、"三峡"（瞿塘峡、西陵

---

　　① 转引自范颖（2005）。

峡、巫峡）等。从这个意义上说，语义概括型数括词语又有类指性成分的特征。

四　语义概括型数括词语中数词的作用

前面我们从有指与无指、有定与无定、专指与类指等两两对立的六个方面讨论了语义概括型数括词语的指称特点，认为语义概括型数括词语不论处于什么样的句法位置，都是一种有指成分。在确立其有指的前提下，我们又指出了语义概括型数括词语的类指性、定指性和专指性特征。如果说语义概括型数括词语超越句法环境制约的有指性和类指性特征（如"五官科"的"五官"等）是充当限定成分的数词或数量短语的凸显作用使然，那么，其定指性和专指性则是篇章照应，包括篇内照应和跨篇章照应的结果。定指的前提是有指，充当数括词语限定成分的数词除表示数量外，是否还发挥了定指标记的作用呢？下面把英汉两种语言中的类似现象作一个简单的比较。

英语是一种形态变化较为丰富的语言。名词性成分的有定与无定完全可以从形式上加以判断，依据就是定冠词 the 与不定冠词 a 在分布上的对立。除专有名词外，有定名词短语前一定有 the 的分布，无定名词性成分，如果是单数并且是可数的，则一定有不定冠词 a 的分布。英语中定冠词和不定冠词的对立分布为我们提供了一个理想的参照。

近年来，随着汉语热的持续升温，一些从古代汉语中继承下来的数括词语也被译成英文，其中不乏一些海外深谙汉语数括词语的汉学家的翻译。从中可以看出，汉语的语义概括型数括词语在英文中的正确翻译都是以定冠词 the 为限定成分的。下面是几个常见数括词语的英译[①]：

三国　　　　　——the Three Kingdoms

三峡　　　　　——the Three Gorges

四书五经　　　——the Four Books and Five Classics

假如这些翻译的准确性还有待确认，还不足以证明汉语数括词语的

---

① 参见王立非主编《新汉英词典》，商务印书馆 2007 年版。

定指性，那么，英语本身的类似结构则应该是没有疑问的。例如：

    The Four S's of Presentation   ——做演示报告的"四个S"①

    The Four S's of Wine   ——品酒的"四个S"②

    Chinese Culture Shock：The Four S's   ——中国文化令人震惊的"四个S"③

    英语中，像 The Four S's 这样的结构虽然不多，但这些出自英美人士之口的本土英语的"数括词语"中一律带有定冠词 the，为汉语数括词语中数词的定指标记作用提供了一个很好的注解。

---

① *The Four S's of Presentation*s, by Terry Hadaway，http：//ezinearticles. com/？ The-Four-Ss-of-Presentations.

② *The Four S's of Wine*，*Women in Business*，by Leslie Sbrocco，http：//www. mirassou. com/women_ in_ busine.

③ *Chinese Culture Shock*：*The Four S's*，by Dave，http：//thechinaconnexion. com/weblogs/blog1. php/.

第四章

形、义概括兼顾型数括词语

　　形、义概括兼顾型数括词语以初始表达式中并列各项的公因子为受限成分，所以，具有形式概括型数括词语的特征；又因为充当受限成分的公因子对初始表达式有一定的语义概括作用，所以又兼有语义概括型数括词语的部分特点。但由于受限成分对初始表达式中并列各项的语义概括能力不一，形、义兼顾型数括词语有典型成员与非典型成员之分，是一个典型的原型范畴。

第一节　形、义概括兼顾型数括词语的受限成分

　　充当形、义概括兼顾型数括词语受限成分的语言单位多少都具有一些名词性成分的特征，可以根据其概括能力的强弱大致分为三类：一是名词和名词性自由语素；二是名词性半自由语素；三是词汇意义没有完全虚化的名词性不自由语素，也叫名词性后缀。充当受限成分的名词性成分不同，形、义概括兼顾型数括词语的典型性也有差别。

一　名词和名词性自由语素

　　以名词或名词性自由语素充当受限成分的形、义概括兼顾型数括词语是这类数括词语的典型成员。这样的名词或名词性语素在初始表达式中通常是一组并列定中结构的中心语或相当于中心语的成分，语义上可以完全概括初始表达式中的并列各项。例如：

　　　（1）在三江（北江、西江、绥江）交汇的三水市，去冬今春

投入 1088 万元资金，现已完成 130 万立方米土方和 1 万立方米石方的计划。(《人民日报》，1995 年 4 月 5 日)

(2) 上海 1994 年财政收入完成 372.5 亿元，比上年增长 40.6%，其中消费税、增值税完成 218.9 亿元，比上年增长 19%，全面完成中央下达的两税增长目标。(《人民日报》，1995 年 1 月 4 日)

(1) 和 (2) 为现代汉语的用例。"三江"的受限成分"江"虽然很少单用 (即单独充当句法成分或单独成词)，但在《现代汉语词典》(第五版) 中被作为可以成词的单字条目而标注为名词。"江"在初始表达式——三个并列的定中式合成词中，相当于中心语;"两税"的受限成分"税"在《现代汉语词典》(第五版) 中也被标注为名词，具有较强的能产性，既可以单独充当句法成分，如"收税""你上了多少税""税太高了"等，也可以附着在"消费""增值""所得"等成分后面，构成"消费税""增值税""所得税"等。"江"和"税"，不论单用还是作为自由语素，都可以从语义上概括相应初始表达式中的并列各项，与并列各项形成上下义关系。下面举两个古代汉语的例子:

(3) 掌建邦之三典，以佐王刑邦国，诘四方。一曰刑新国，用轻典;二曰刑平国，用中典;三曰刑乱国，用重典。(《周礼·秋官·大司寇》) (注:典，法也)

(4) 兵有三势，有二权，有气势，有地势，有因势。(《淮南子·兵略》)

(3) — (4) 两例中，"三典"和"三势"的受限成分"典"和"势"在初始表达式中都是独立充当句法成分的词。"典"作"法则""法规"解，可以作为"轻典""中典""重典"的上义词;"势"作"形势""态势"解，也可以作为"气势""地势""因势"的上义词。所以，"典"和"势"都能从语义上对各自对应的初始表达式进行概括。

二　名词性半自由语素

名词性半自由语素是词汇意义没有虚化，不能单独成词，但在与其他语言单位的组合中，位置不固定的名词性语素。能够以公因子身份充当形、义概括兼顾型数括词语受限成分的名词性半自由语素一般都是一组定中式合成词的核心，相当于定中短语的中心语，通常可以作为其所在的定中式合成词的上义成分，因此，对初始表达式的语义概括能力也很强。例如：

（5）40 年来，中国核工业从零起步，研制成功了"两弹一艇"等核武器，建立了核科技工业体系。（《人民日报》，1995 年 1 月11 日）

（6）在这次"两会"上，香港问题是我们关注的热点。（《人民日报》，1995 年 3 月 8 日）

（7）经过改革开放，特别是放眼世界，进行实际情况对比研究后，多数学者感到三教的积极作用不可忽视。（《文汇报》，1990 年3 月 3 日）

（5）中，"两弹"指原子弹、氢弹，"一艇"指核潜艇，相应的初始表达式"原子弹""氢弹"和"核潜艇"均为定中式合成词。充当受限成分的"弹"和"艇"在相应初始表达式中，都是构词成分，作用相当于定中短语的中心语。（6）—（7）两例中，"两会"指全国人民代表大会、中国人民政治协商会议，"三教"指儒教、佛教、道教。"会"作"经常商讨并处理重要事务的常设机构或组织"解，虽然本身只是"大会"和"会议"的构词成分，但"大会"和"会议"在初始表达式中，都充当中心语，所以，"会"作为充当受限成分的公因子，也能从语义上概括两个相应的并列项。"教"作"宗教"解，作为三个并列项的定中式合成词的核心成分，也都能从语义上对初始表达式中的并列各项进行了概括。"两弹一艇""两会""三教"等，由于充当受限成分的名词性半自由语素没有虚化，所以，也都是较为典型的形、义概括兼顾型数括词语。

古代汉语以单音节词为主体，没有半自由语素，所以，由半自由语素充当受限成分的形、义概括兼顾型数括词语一般仅限于现代汉语。①

三　词汇意义没有完全虚化的名词性词缀

词缀，也叫不自由语素，不能独立成词，在跟其他语言单位的组合中，位置往往是固定的，或者只能在前，或者只能在后。因此，这类语素可以分为"前加不自由语素和后加不自由语素"（邢福义、汪国胜，2003）。前加不自由语素也叫前缀，后加不自由语素也叫后缀。

前缀的词汇意义已经完全虚化，而且能产性很弱，所以能以公因子身份充当数括词语受限成分的概率很低，即使偶尔充当受限成分，构成的数括词语也只能是形式概括型数括词语。实际上，现有语料中只有两个数括词语是由前缀充当受限成分的。一个是"三老"，另外一个是"三老四严"。两个数括词语中，"老"在初始表达式中都是作为前缀使用的。"三老"中，"老"是"老乡""老外""老特"②的公因子，"三老四严"为多项式数括词语，"老"为其中一个结构单元"三老"的受限成分，是"做老实人""说老实话""办老实事"的公因子。

后缀可以根据虚化程度分为两类。一类是词汇意义已经完全虚化的。这类词缀有较强的能产性，以公因子身份充当数括词语的受限成分的概率较高，但由于词汇意义已经完全虚化，与初始表达式中的并列各项之间几乎已看不出什么上下义关系了，所以，以这类词缀为受限成分的数括词语通常是形式概括型数括词语。例如：

（8）与时俱进的今天，人们把"五子登科"这四个字与现代化的词汇结合起来，演变成了不同门类的"新五子登科。"……时尚男人的五子登科是：面子、调子、牌子、身子、圈子。（八斗文学，http://www.8dou.net）

（9）目前，在河南农村，党员群众习惯地把电化教育叫作"三子"工程，即：上级发片子、支部教法子、群众拿票子。都说组织部门给咱办了件大好事。（《人民日报》，1995年1月28日）

---

① 古代汉语中的形、义概括兼顾型数括词语通常都是由名词充当受限成分的。
② 参见王均熙《现代汉语略语词典》，文汇出版社1998年版。

例中，"五子"指面子、调子、牌子、身子、圈子，"子"已完全虚化，概括不了相应初始表达式中并列各项的词汇语义。所以，两个以"子"为受限成分的数括词语都属于形式概括型数括词语的范畴。①

另一类后缀由名词虚化而成，但还没有完全失去原有的词汇意义。它们不仅数量大而且能产性强。现代汉语中有很多词语都是由这类名词性后缀附着在其他语言单位之后构成的。例如：

员——党员 教员 会员 社员 卫生员 裁判员 教练员 指导员

师——医师 厨师 教师 讲师 工程师 设计师 会计师 理发师

机——收音机 录音机 洗衣机 放映机 发动机 柴油机 内燃机

材——钢材 木材 铝材 铜材 建材 素材 耗材 线材 板材

品——礼品 贡品 产品 废品 毒品 易燃品 易爆品 危险品

料——饲料 草料 肥料 塑料 木料 佐料 燃料 边角料 染料 颜料

论——信息论 控制论 系统论 崩溃论 阴谋论

费——房费 水费 电费 车费 学费 班费 煤气费 卫生费 养路费 入场费

长——班长 组长 排长 乡长 县长 组长 省长 小队长 中队长 大队长 突击队长

线——战线 航线 边境线 旅游线 铁路线 交通线

董秀芳（2004）认为，这类词缀是从复合词中的成分发展而来的，指出："复合词中有一些成分的搭配范围很大，并且与其他成分的语义关系较为稳定，因此带有一些类似词缀的特性。"吕叔湘先生（1962）也指出，在汉语的构词法里，很难区分复合和派生。指的应该也是这种情况。

这类词缀附着在其他词语后形成的结构，既像是附加式合成词，又像是偏正式中的定中式合成词。由于能产性强，位置固定于词尾，这类

---

① "子"在古代特指有学问的男人，所以，如果充当数括词语受限成分时以这个意义出现，那以"子"为受限成分的数括词语就应该是语义概括型数括词语。例如："他们修复废于战火的涡阳老子、蒙城庄子、颍上管子的'三子'故里和纪念馆，藉以弘扬民族文化，发展旅游事业。"——《人民日报》，1995年4月26日。

词缀作为一组并列的言语形式的公因子而成为数括词语受限成分的概率很高。同时，由于没有完全丧失原有的词汇意义，所以成为数括词语的受限成分后，对相应初始表达式中的并列各项仍有一定的语义概括作用。例如：

（10）她想：目前社会上流行的电视机、收录机、洗衣机"三机"齐全，现在算来算去还缺少购一台洗衣机的钞票。（王均熙《现代汉语略语词典》）

（11）由于接收"五费"的部门不同，所规定的缴费时间也不统一，再加上各户职工上下班时间参差不齐，收费、交费成了群众的沉重负担。（王均熙《现代汉语略语词典》）

（12）中小学生遵纪守法观念大幅度增强，其中"三生"违法犯罪率控制在2%以内。（王均熙《现代汉语略语词典》）

（13）大部分学校的"三室"门锁生锈，摆放整齐的器材和图书落满灰尘。（王均熙《现代汉语略语词典》）

（14）草场面积显著增加，植被开始恢复，群众广种薄收的旧习和"三料"俱缺的面貌已有所改变。《人民日报》，1983年9月7日）

（10）—（14）中，"三机""五费""三生""三室""三料"的受限成分"机""费""生""室""料"等，虚化程度都较低，仍有较为丰富、饱满的词汇意义。分别以它们为受限成分的"三机""五费""三生""三室""三料"等，虽不像"三江""两税""三典""三势"那样典型，但把它们划归形、义概括兼顾型数括词语，也不算勉强。相比之下，下面几例就显得有些勉强了：

（15）轻工厅……从为艺术节提供的"三品"中挑选了一部分精品放在这里零售。（《人民日报》，1988年2月5日）

（16）28年来，他日步行29.5公里，为散落在崇山峻岭中的7个村、51个投递点投送报纸43.73万份……三单（即包裹单、汇款单及特挂通知单）5859件。（《人民日报》，1995年4月27日）

（17）按照国务院规定，森林防火实行省长、市长、县长和乡长"四长"负责制，这是近几年我们做好森林防火工作的一条基本经验。（《人民日报》，1995 年 3 月 30 日）

（18）沿着大西洋弯曲的海岸，从首都班珠尔到旅游胜地巴考镇、法加拉，有三四十海里长的海岸，都是进行"三浴"的理想场所。（《世界博览》，1986 年第 6 期）

（19）在他们的心目中，能给女儿找一个农村"五匠"人员，保证任何年头都有碗饭吃就挺不错了。（王均熙《现代汉语略语词典》）

（20）岗位通过招标竞争，实行了优秀员工、合格员工和试用员工"三工并存，动态转换"的政策，促进了人员素质的提高。（《人民日报》，1995 年 3 月 31 日）

（15）—（20）中，"三品"指易燃品、易爆品、剧毒品，"三浴"指光浴、水浴、空气浴，"五匠"指铁匠、木匠、泥水匠、石匠、篾匠，"三单""四长""三工"的指称对象都已在引文中列出。五个数括词语的受限成分"品""单""长""浴""匠"等，虽然仍有一定的词汇意义，但都不能独用，虚化程度明显加深。以这样的后缀为受限成分的数括词语显然已处于形、义概括兼顾型数括词语的外围，不过对初始表达式中的并列各项仍然有一定的概括作用。如果说由名词充当受限成分的形、义概括兼顾型数括词语是典型成员，那么，由词汇意义已经大部分虚化的不自由语素充当的形、义概括兼顾型数括词语则是这类数括词语中的非典型成员。

这里把充当形、义概括兼顾型标结构的名词性成分分三种情况进行了讨论，目的在于考察形、义概括兼顾型数括词语与初始表达式之间意义上的关联，即受限成分能在多大程度上概括初始表达式中的并列各项。然而，由于牵涉词与语素的划分，同时不自由语素的虚化程度，又缺乏形式标记或量化尺度，实际上很难把词与语素和虚化程度不同的后缀截然分开，所以形、义概括兼顾型数括词语不同成员典型与否，只有度的不同，没有明确的界限，成员之间以相似性为聚集基础；范畴成员中，有的为典型成员，有的则游离于范畴的边沿，从两个方向分别接近形式概括型和语义概括型数括词语的外围成员。

第二节　形、义概括兼顾型数括词语的
句法、语用功能和价值

与形式概括型数括词语和语义概括型数括词语一样，形、义概括兼顾型数括词语也是一种名词性成分，但由于受限成分既是初始表达式中并列各项的公因子，又可以作为各并列项的上义成分使用，所以形、义概括兼顾型数括词语不但与初始表达式保有形式上和语义上的双重联系，又可以直接指称其言外指称对象，在句法、语用功能和价值上表现出自身的特点。

一　形、义概括兼顾型数括词语的句法功能

作为一种名词性成分，形、义概括兼顾型数括词语与形式概括型和语义概括型数括词语一样，可以充当主语和宾语。例如：

（1）现在，有些医院的门诊部多半是"三生"当家，这对解决当前医院医疗力量不足起到了一定的作用。（王均熙《现代汉语略语词典》）

（2）上海"两会"对一些热点问题不要回避，比如物价问题，党风问题。

（3）他们佩戴着醒目的青年志愿者标志，协助工作人员维持秩序、清扫卫生、扶老携幼、查验三品。（《人民日报》，1995 年 1 月 16 日）

（4）前几年，一些地方人大组织县、乡代表评议"七所八站"，以后又逐步发展到评议地方政府的有关部门、法院、检察院的工作。（《人民日报》，1995 年 3 月 20 日）

（5）该所长期以来科研与生产严重脱节，科研工作从"三靠"开始，以"三品"结束。（王均熙《现代汉语略语词典》）

（1）—（7）中，"三生""两会"在句中作主语；"三品"和"七站八

所"作动词宾语;"三品"为介词宾语。

另外,形、义兼顾型数括词语也可以充当定语。例如:

(6)作为"两院"院士,又当过浙江大学校长的路甬祥,最近出任中国科学院历史上第五任院长,颇为引人注目。(王均熙《现代汉语略语词典》)

(7)进一步健全党员管理制度,健全"三会一课"制度,制定一系列措施。(《人民日报》,1995年1月8日)

(6)和(7)中,"两院"和"三会一课"作定语。其中,"三会一课"为涵义定语。

由于受限成分全部由名词性成分充当,形、义概括兼顾型数括词语在三种句法位置上的分布与形式概括型数括词语明显不同。表4-1是本书收集到的217个用例中,形、义概括兼顾型数括词语在主语、宾语和定语位置上的分布情况:

表4-1   形、义兼顾型数括词语在不同句法位置上的分布

主语	宾语	定语	合计
52	95	70	217
24.00%	43.80%		
67.74%		32.25%	100%

如表4-1所示,形、义概括兼顾型数括词语以充当主语和宾语为主,在全部217个用例中,由形、义概括兼顾型数括词语充当主语或宾语的为147例,占67.74%,充当定语的有70例,占32.25%。这与形式概括型数括词语以充当定语为主形成了鲜明的对照。

就与动词的语义关系而言,主、宾语位置上的形、义概括兼顾型数括词语可以担当多种不同的语义角色。

(8)福建省现有"三厅"290家,不少"三厅"涉外营业。(王均熙《现代汉语略语词典》)

（9）"两报一刊"联合发表社论是"文革"以来的一大创造。（王均熙《现代汉语略语词典》）

（10）一些乡镇和"七所八站"强摊硬罚，乱收乱支，加重农民负担，激化农村矛盾。（《人民日报》，1995年1月24日）

（11）我从小就爱好体育，常说的三大球三小球，除了足球没踢过，其余都玩过。（王均熙《现代汉语略语词典》）

（12）如果说长江三峡是急流奇峰的搭配，漓江景色是丽山秀水的构建，那么马山的魅力应该是浩瀚太湖和一脉孤峰默契而衍生出来的万般情韵。（《人民日报》，1995年1月19日）

（8）—（12）中，"三厅""两报一刊"和"七站八所"充当施事主语，"三大球三小球"充当受事主语，"三峡"充当断事主语。

宾语位置上的形、义概括兼顾型数括词语以充当受事宾语为主，包括对象宾语和目标宾语，但以对象宾语居多。对象宾语和目标宾语都是典型的宾语。例如：

（13）由于接收"五费"的部门不同，所规定的缴费时间也不统一，再加上各户职工上下班时间参差不齐，收费、交费成了群众的沉重负担。（王均熙《现代汉语略语词典》）

（14）为了筹集资金，储备"三材"，是庙就磕头，见神就烧香。（《莽原》，转引自王均熙《现代汉语略语词典》）

（15）前几年，一些地方人大组织县、乡代表评议"七所八站"，以后又逐步发展到评议地方政府的有关部门、法院、检察院的工作。（《人民日报》，1995年3月20日）

（16）40年来，中国核工业从零起步，研制成功了"两弹一艇"等核武器，建立了核科技工业体系。（《人民日报》，1995年1月11日）

（17）海盐县开展"评三户、创新风"活动，坚持标准公开、民主评议，表现好差让群众自己评。（王均熙《现代汉语略语词典》）

（13）—（17）中，"五费""三材""七所八站"分别是"接收""储备"和"评议"的对象宾语；"两弹一艇"和"三户"则充当目标宾语。

作为介词宾语，形、义概括兼顾型数括词语可以表示对象、方式、手段、处所、时间等。例如：

（18）如江南一座历史文化名城，一家国有陶瓷厂用现代技术改建的隧道窑点火时，用"五牲"、香烛祭拜，求菩萨保佑点火成功，顺利投产，大家发财。（《人民日报》，1995 年 1 月 25 日）

（19）中央领导向"八大员"表示敬意。（《中国青年报》，1984 年 3 月 2 7 日）

（20）我对这三论实在无知，所读的运用三论方法论述文学艺术问题的文章和都似懂非懂，体会不深。（王均熙《现代汉语略语词典》）

（21）车租，他的比别家的大，可是到三节他比别家多放着两天的份儿。（王均熙《现代汉语略语词典》）

（22）这支曾经独家修建了万里长江第一坝的水电施工"王牌军"，在三峡遇到了一支支强劲的竞争对手。（《人民日报》，1995 年 2 月 16 日）

（18）—（22）中，"五牲"表示方式、手段；"八大员""三论"表示对象；"三节"表示时间，"三峡"则表示处所。

充当定语时，形、义概括兼顾型数括词语可以表示多种不同的语义关系（与中心语之间的语义关系）。例如：

（23）两院院士评出 1994 年中国十大科技新闻。据新华社北京 1 月 17 日电，由 300 多位中国科学院院士、中国工程院院士参加投票，评选的 1994 年中国十大科技新闻今天揭晓。（《人民日报》，1995 年 1 月 18 日）

（24）结合当前正在开展的争创文明集体、争当文明青年的活动，对广大青少年普遍进行一次维护"三场"秩序，扭转不良风气

的宣传教育活动。(王均熙《现代汉语略语词典》)

（25）在他们的心目中，能给女儿找一个农村"五匠"人员，保证任何年头都能有碗饭吃就挺不错了。(王均熙《现代汉语略语词典》)

（26）市委在巩固"满意"活动成果的基础上，把"两德"教育制度化、系统化、规范化和经常化。(王均熙《现代汉语略语词典》)

（27）如今，文化已走出影、视、剧和"老三摊"（书摊、报摊、民间卖艺摊）的简单卖方市场（《人民日报》，1995年1月26日）

（23）—（27）中，"两院""三场"充当领属定语；"五匠""两德"的作用相当于区别词；"老三摊"充当涵义定语。前面已经说过，涵义定语可以通过转换来检验。如果 X 充当 Y 的涵义定语，则"X（的）Y"这种定中结构可以转换为"X 这种 Y"或"X 这一 Y"这样的同位结构①。所以，"'老三摊'的简易卖方市场"可以转换为"'老三摊'这种简易卖方市场"。不过，从现有的语料看，形、义概括兼顾型数括词语充当涵义定语的情况并不多见。

　　形、义概括兼顾型数括词语的受限成分在表义上没有求补性，无须依赖初始表达式。这一方面使得形、义概括兼顾型数括词语表义上的独立性与语义概括型数括词语相似，另一方面也使得形、义概括兼顾型数括词语因此在灵活性、适应性和方便性上远逊于形式概括型数括词语。

　　形、义概括兼顾型数括词语能表达什么样的语义内容，充当什么样的句法成分，在很大程度上，取决于充当受限成分的语言单位。作为一个整体，形、义概括兼顾型数括词语在表义上没有表现出明显的倾向性，句法功能上则以充当宾语最为频繁，主语次之，然后是充当定语。就此而言，形、义概括兼顾型数括词语与形式概括型数括词语有明显的不同，更接近于语义概括型数括词语。

―――――――――――

　　① 第三章里，我们也是用这种方法来对定语位置上的形式概括型标数结构进行鉴别的。

二　形、义概括型数括词语的篇章功能

形式概括型数括词语，由于受限成分是初始表达式中并列各项的公因子，具有强大的篇章照应功能和组织功能。形、义概括兼顾型数括词语也是以初始表达式中并列各项的公因子为受限成分的，其篇章照应功能和组织功能如何呢？

形、义概括兼顾型数括词语也有"提及"的功能，即具有指称初始表达式中并列各项的公因子的作用，但由于受限成分可以从语义上概括初始表达式中的并列各项，所以，指示意味远没有形式概括型数括词语那样明显和强烈。试比较：

（28）胡锦涛讲话指明改革开放方向，"三不"创造新空间。（新华网，http：//news. xinhuanet. com/politics）

（29）如果两岸两会1月22日至1月26日能就三项议题达成协议，唐树备、焦仁和可望于1月26日进行正式签署。（《人民日报》，1995年1月20日）

（28）—（29）中，"三不"和"两会"的受限成分都是各自相应的初始表达式中并列各项的公因子，但"三不"需要与初始表达式链接才能理解，指的是不动摇、不懈怠、不折腾。"两会"也可以通过提及初始表达式中的两个并列项而与两个并列项，即"海基会"和"海协会"链接。从这个意义上说，"两会"的表义机制跟语义概括型数括词语相似。不过，由于"两会"的受限成分"会"可以在一定程度上对初始表达式中的两个并列项"海基会"和"海协会"从语义上进行概括，所以也可以在一定的时空范围内直接指称海基会、海协会，所以其提及的作用和必要性显然没有"三不"那样明显。

三　形、义概括兼顾型数括词语的修辞价值

形、义概括兼顾型数括词语也可以起到强调、凸显概括对象，增强表达效果的作用。这时形、义概括兼顾型数括词语通常充当初始表达式的复指成分。例如：

　　（30）如果企业改制后上述"新三会"与原来企业内部领导体制一直存在的党委会、工会、职代会这"老三会"之间长期并存运行，则必将使企业的内部领导体制很难跳出原有的模式，新建的股份公司也只是些"翻牌"。（《人民日报》，1995年1月26日）

　　（31）严格执行良种母本圃、采穗圃、苗圃"三圃"及苗木生产许可证、质量合格证、植物检疫证"三证"的配套管理，使种苗生产走上专业化、规范化、法制化轨道。（《人民日报》，1995年1月9日）

　　（30）—（31）中，"老三会"前加指示代词"这"，复指"党委会、工会、职代会"，"三圃"和"三证"前虽然没有加指示代词，但也是复指相应的初始表达式的。

　　在复指初始表达式的前提下，起凸显、强调作用的形、义概括兼顾型数括词语通常作初始表达式的同位语，也可出现在其他句法位置上。例如：

　　（32）岗位通过招标竞争，实行了优秀员工、合格员工和试用员工"'三工'并存，动态转换"的政策，促进了人员素质的提高。（《人民日报》，1995年1月23日）

　　（33）海南公路交通的养路费、过路费、过桥费、运管费实行"四费合一"。（《人民日报》1995年4月4日）

　　（32）—（33）中，"三工"为"优秀员工、合格员工和试用员工"的同位语；"四费"的初始表达式为句子的主语，"四费"则在"四费合一"这一主谓短语中作主语。① 这与形式概括型数括词语明显不同。形式概括型数括词语这时通常是出现在定语位置上的。试比较：

　　（34）北京军区部队各级领导干部紧密联系实际，普遍开展了查理想、查纪律、查思想作风、查精神状态、查群众观念的"五

---

① 本书所谓主、谓、宾、补、定、状等，都是居于句法结构进行划分的，所以不一定就是句子的成分。这已经在绪论中作过交代。

查"活动。(《人民日报》，1995 年 3 月 31 日)

（34）中，"五查"为形式概括型数括词语，在句中也有强调、凸显概括对象以及增强表达效果的作用，但却是以定语的身份出现的。

另外，作为一个整体，形、义概括性数括词语可以直接指称其概括对象，而受限成分又可以作为初始表达式中的并列各项的上义成分，在行文中用于替代初始表达式，具有化冗长为简练，化笨拙为灵巧的表达效果，既有效避免了重复和累赘，又便于措辞和构句。例如：

（35）海峡两岸关系协会常务副会长唐树备与台湾海峡交流基金会驻会副董事长兼秘书长焦仁和于 1 月 22 日至 27 日在北京举行会谈。双方在维护去年 8 月两会负责人台北会谈共识基础上，就"两岸劫机犯等遣返事宜""违反有关规定进入对方地区人员之遣返及相关问题"两项协议的内容和文字表述取得一致。（《人民日报》，1995 年 1 月 29 日）

（35）中，用"两会"代替前文已经出现过的"海峡两岸关系协会"和"台湾海峡交流基金会"，行文非常简洁，而且，由于以"海峡两岸关系协会"和"台湾海峡交流基金会"的公因子"会"为受限成分，"两会"的解读也不会有任何困难，因为"两会"与初始表达式之间的照应关系非常明确。下面再看几个例子：

（36）在沿海经济发达地区，青年农民纷纷进工厂，有的乡村留下"三军"（胡子军、娘子军、娃娃军）种田，甚至出现粮田抛荒现象。（《人民日报》，1995 年 4 月 6 日）

（37）全州以珲春为龙头，以延吉为依托，带动"三线"（边境线、旅游线、铁路线），形成了全方位的对外开放态势。（《人民日报》，1995 年 4 月 2 日）

（38）28 年来，他……为散落在崇山峻岭中的 7 个村、51 个投递点投送……三单（即包裹单、汇款单及特挂通知单）5859 件。（《人民日报》，1995 年 4 月 27 日）

（36）—（38）中，"三军""三线"和"三单"先分别与"留下"
"带动"和"投递"构成三个紧凑的动宾短语，然后再列举三个数括词
语的具体所指，既凸现了所指对象，又便于措辞和构句。

第三节　小结

从结构成分，即充当受限成分的语言单位看，形、义概括兼顾型数
括词语兼具形式概括型和语义概括型数括词语的特点。本章的考察发
现，形、义概括兼顾型数括词语在表义倾向和句法功能上更接近于语义
概括型数括词语，在篇章功能和修辞价值方面与形式概括型数括词语更
为接近，表明根据充当数括词语受限成分的语言单位与初始表达式之间
的关系，将数括词语分为形式概括型、语义概括型和形、义概括兼顾型
三类，具有合理性。

第五章

数括词语的历史与发展

汉语从古汉语发展到现代汉语，已有几千年的历史①，语音、词汇都已发生了很大的变化，语法虽然较为稳定，但变化也不少。作为汉语中一种广泛使用的结构，数括词语历史上的使用情况如何，又经历了哪些变化呢？

第一节　数括词语使用历史

数括词语不是汉语发展到现代汉语阶段才有的现象，从传世的文献典籍看，至少早在先秦时期就已经大量使用了。下面是《周易·说卦》中的两个用例：

　　（1）易之为书也，广大悉备，有天道焉，有人道焉，有地道焉。兼三才而两之，故六；六者，非它也，三才之道也。
　　（2）是以立天之道，曰阴与阳；立地之道，曰柔与刚；立人之道，曰仁与义；兼三才而两之，故《易》六画而成卦。

（1）和（2）中，"三才"就是一个典型的数括词语，指前文提到的天、地、人。《论语》中也有不少数括词语的用例。下面是《论语·季氏十六》中的一段话：

---

①　王力（1980）认为，汉语至少已有 1 万年的历史，仅有文字的历史就有 5000 多年了。这里只从先秦时期开始对数括词语的使用情况进行粗略考察。

（3）孔子曰："禄之去公室，五世矣；政逮于大夫，四世矣；故夫三桓之子孙，微矣。

孔子曰："益者三友，损者三友。友直，友谅，友多闻，益矣。友便辟，友善柔，友便佞，损矣。"

孔子曰："益者三乐，损者三乐。乐节礼乐，乐道人之善，乐多贤友，益矣。乐骄乐，乐佚游，乐晏乐，损矣。"

孔子曰："侍于君子有三愆：言未及之而言谓之躁，言及之而不言谓之隐，未见颜色而言谓之瞽。"

孔子曰："君子有三戒：少之时，血气未定，戒之在色；及其壮也，血气方刚，戒之在斗；及其老也，血气既衰，戒之在得。"

孔子曰："君子有三畏：畏天命，畏大人，畏圣人之言。小人不知天命而不畏也，狎大人，侮圣人之言。"

······

孔子曰："君子有九思：视思玥，听思聪，色思温，貌思恭，言思忠，事思敬，疑思问，忿思难，见得思义。"

（3）中，"三桓""三友""三乐""三愆""三戒""三畏""九思"等，都是典型的数括词语。"三桓"指"孟孙氏、叔孙氏、季孙氏"；第一个"三友"指下文的"友直，友谅，友多闻"，第二个"三友"指后面的"友便辟，友善柔，友便佞"。其余五个数括词语也都各有特定的指称对象，且都已在引文中列出，这里不再重复。

同时期的其他典籍中，像这样集中、大量使用的情况虽然并不多见，但零星的用例却比比皆是。例如：

（4）礼有三本：天地者，生之本也；先祖者，类之本也；君师者，治之本也。（《荀子·礼论》）

（5）无父无君，是周公所膺也。我亦欲正人心，息邪说，距跛行，放淫辞，以承三圣者。（《孟子·滕文公章句下》）

（6）九功之德皆可歌也，谓之九歌。六府、三事，谓之九功。水、火、金、木、土、谷，谓之六府。正德、利用、厚生，谓之三事。（《左传·文公七年》）

（7）三晋和而秦弱，三晋离而秦强。（《战国策·赵策》）

（8）三后在天，王配于京。（《诗经·大雅·下武》）

（9）昔三后之纯粹兮，固众芳之所在。（屈原《离骚》）

（4）—（9）中，"三本""三圣""九歌""六府""三事""九功""三晋""三后"等，都是先秦时期的用例，分别见于《荀子》《孟子》《左传》《战国策》《诗经》及屈原的《离骚》。"三本"指"生之本""类之本"和"治之本"；"三圣"指大禹、周公、孔子；"九功"指六府、三事，而"六府"又指"水、火、金、木、土、谷"，"三事"指"正德、利用、厚生"；"三晋"指春秋战国之交魏武侯、韩哀侯、赵敬侯瓜分晋国之后建立的魏、韩、赵三国；"三后"指三位先王，太王、王季、文王。

这里需要特别指出的是，诸子散文和历史散文，都是用近于当时口语的文字写成的①，即使是先秦时期的诗歌，很多也是在民间口头创作的基础上整理加工而成，与口语有着千丝万缕的联系（徐时仪，2000）。由此看来，数括词语可能早在春秋战国时期就已在口语交际中广泛使用了。

先秦以后，各种文献典籍浩如烟海，这里不能一一引证，但可以肯定的是，数括词语在中国古代各个时期都有使用。例如：

（10）变服骑射，以备燕、三胡、秦、韩之边。（《史记·赵·世家》）

（11）人更三圣，世历三古。（《汉书·艺文志》）

（12）秋江洗一钵，寒日晒三衣。（唐·贾岛《长江集·送去华法师》）

（13）博物识古，无书不览，尤锐意三史。（《三国志·孟光传》）

（14）二冬并称而殊性，三建异形而同出。（《宋书·谢灵运传·山居赋》）

---

① 参见中国社会科学院文学研究所中国文学史编写组《中国文学史》（一），人民文学出版社 1984 年版。

（15）却说那后水巷里有一个经纪人，姓任民迁，因排行第一，人都叫他大小一哥，乃是五熟行里人。（罗贯中《平妖传》）

（16）何道士就在空地上安放罗经，打了向桩，另画了四至八到的界限。（《荡寇志》）

（10）—（16）中，（10）是《史记》的用例；（11）是《汉书·艺文志》①的用例；（12）是唐代诗人贾岛的诗句；（13）是晋代《三国志》里的句子；（14）摘自成书于南齐的《宋书》；（15）和（16）分别见于《平妖传》和《荡寇志》，前者是明代根据民间传说以及市井流传的话本整理编成的一部神魔小说，成书于元末明初，后者是清代长篇小说，草创于道光六年（1826），最后完成于道光二十七年（1847）。上述各例中，"三胡""三圣""三古""三衣""三史""二冬""三建""五熟"和"四至八到"都是典型的数括词语。

先秦以后，汉语经历了一个书面语和口语分离的漫长时期，上面的例子出自不同历史时期的文献典籍，虽然只是古汉语中数括词语的沧海之一粟，不能反映数括词语在古代汉语里的使用情况，但至少可以说明，数括词语一直是中国历朝历代文献典籍中一种常见的结构形式。《辞源》作为目前内容最为充实的一部大型古汉语词典，收录了以数词为修饰、限定成分的结构2230条，其中绝大部分为数括词语，也从侧面印证了这一点。

数括词语从上古、中古到近代，一直延续至今，早已走出书斋，进入了人们的日常交际，大到党和国家的各种文件、宣示，小到城市街道办事处的通知，从各种新闻报道到不同题材的文学作品，都不乏其身影，使用之频繁，数量之大，超乎我们的想象。例如：

（17）"八个明确"……是支撑习近平中国特色社会主义思想的四梁八柱。（《习近平中国特色社会主义思想三十讲》，学习出版社2018年版）

（18）中国共产党以马克思列宁主义、毛泽东思想、邓小平理

---

① 《汉书·艺文志》是中国最早的史志目录，属《汉书》十志之一。东汉班固在撰《汉书》时，为纪西汉一代藏书之盛，根据《七略》改编而成。

论、"三个代表"重要思想、科学发展观、习近平新时代中国特色社会主义思想作为自己的行动指南。(《中国共产党章程》)

（19）在集训时期，我在乔木同志的领导下，可说受到了"三严"教育：在政治上极端严肃，在作风上极端严谨，在工作上极端严格。(《人民日报》，1995 年 1 月 13 日)

（20）而早在前几年，何汉晴的火柴厂里就跟她办了"两不找"。就是你不找我，我不找你。你不找我上班，我不找你要钱。跟下岗是一样，只是说法不同而已。(方方《出门》，《小说月报》2005 年第 2 期)

（21）五岭逶迤腾细浪，乌蒙磅礴走泥丸。(毛泽东《七律·长征》)

（17）—（21）中，"八个明确""三个代表""三严""两不找""五岭"都是典型的数括词语。"八个明确"引自《习近平中国特色社会主义思想三十讲》；"三个代表"是中国共产党第十九次全国代表大会部分修改，2017 年 10 月 24 日通过的《中国共产党章程》的用例；"三严"引自《人民日报》的一篇报道；"两不找"出自小说《出门》；"五岭"是毛泽东《七律·长征》里的用例。汉语数括词语发展到今天，已成为一种老少咸宜、雅俗兼顾、文白通用的结构，既可登大雅之堂，又可居陋巷茅屋，成了汉语一种特色鲜明的结构。

第二节　数括词语的结构演变

数括词语历经数千年，一直保持定中结构不变，其结构演变都表现在两个直接成分——限定成分和受限成分的发展变化上。

一　限定成分的演变

数括词语限定成分的演变是随着汉语量词系统的发展而出现的。古代汉语①的数括词语，限定成分一律由数词充当，没有使用量词的情

---

① 这里的古代汉语是广义的，包括文言（即在先秦口语基础上形成的上古汉语书面语和后人用这种书面语写成的作品）和六朝以后在北方方言基础上形成的古白话。

况。《词源》^① 收录各种由数词充当修饰、限定成分的结构 2230 条，大部分为数括词语，其中没有一例是限定成分由数词和量词结合为数量短语充当的。显然，汉语数括词语限定成分中使用量词，是汉语量词不断发展、丰富的产物，大量出现则是五四以后进入现代汉语阶段才有的事。

现代汉语数括词语量词的使用有两个特点。一是分布集中。现代汉语数括词语的限定成分，使用量词的情况多见于形式概括型数括词语。在收集到的 576 个数括词语中，受限成分由数词加"个"构成的数量短语充当限定成分的有 64 个，全部为形式概括型数括词语，且均为单项式数括词语，如"三个代表""三个 1/3""两个凡是"等。多项式数括词语中，不论属于哪种类型，限定成分一般都不含量词。少数语义概括型数括词语限定成分虽有使用量词的情况，但仅限于少数以特定名词充当受限成分的情况。形、义兼顾型数括词语中，未见有限定成分使用量词的情况。二是量词与限定成分之间的选择单一。形式概括型数括词语，如果限定成分由数词加量词构成，那么，这个量词仅限于通用量词"个"。语义概括型数括词语的限定成分大多不用量词，少数使用量词的，一般不用通用量词"个"，而是根据充当受限成分的名词，选用其他量词，如"三座大山""三面红旗""五类分子""四项基本原则"等，不过这样的量词数量有限，从现有的语料看，仅限于"座""面""项""类"等四个。

古代汉语中数括词语的限定成分不用量词，一种可能的解释是古代汉语的量词系统不发达，但这样的解释显得有些牵强，因为正如王力（1980）所言，先秦时期度量衡制度建立以后就出现了不少"度量衡单位词"，同时天然单位的单位词也已开始萌芽，到了汉代以后就已发展起来了。古代汉语中数括词语限定成分不用数量短语（限定成分不使用量词）显然还有其他原因，不过已超出了本书的考察范围。

二　受限成分的演变

古代汉语中，数括词语受限成分多由单音节词充当，由双音节词或

---

① 商务印书馆 1983 年修订第一版。

短语充当的虽然有一些，但数量非常有限，从《辞源》收录的条目看，也就不到 10 个，列举如下：

　　　　三不去：无家可归的不能休弃，曾为公婆守过三年丧的不能休弃，娶时丈夫贫贱，后变富贵的不能休弃

　　　　三不朽：立德、立功、立言

　　　　三不欺：民不能欺、民不忍欺、民不敢欺

　　　　三不惑：酒、色、才

　　　　三不开：不开口以议论、不开印以行事、不开门以延士大夫

　　　　五诸侯：常山王张耳、河南王申阳、韩王郑昌、魏王豹、殷王司马卬

　　　　六君子：禹、汤、文、武、成王、周公

　　　　七大家：韩愈、柳宗元、欧阳修、苏轼、苏辙、曾巩、王安石

　　与此形成鲜明对照的是，现代汉语里可以充当数括词语受限成分的语言单位，由小到大，由形式层到符号层，可以是不表示意义的音节、语素、词或短语，从音节数量看，充当数括词语受限成分的可以是单音节、双音节或三个音节以上的语言单位，如"三通"的受限成分是单音节成分，"三个代表"的是双音节成分，"四项基本原则"的是四个音节等。这显然与汉语词汇和句法系统的发展有关。

　　从词汇系统的演变看，古代汉语虽然早在先秦时期就已产生了大量的双音节词（主要是双声叠韵词)[1]，但主要还是以单音节词为主的。这样，除少量以短语为受限成分的数括词语外，古代汉语的数括词语就只能以单音节词为受限成分了。随着语音的简化和外来词的吸收，汉语构词法便沿着从单音词向复音词的方向不断演进，形成了大量的双音节、三音节词（王力，1980）。复音词的出现是形式概括型和形、义概括兼顾型数括词语大量出现的先决条件之一。如没有"严肃""严格"和"严谨"就不大可能有"三严"[2]这样的数括词语，没有"许可证"

---

　　① 《词源》收录的可以叫作数括词语的条目中，没有以双声、叠韵词为受限成分的。

　　② "三严"指"在政治上极端严肃，在作风上极端严谨，在工作上极端严格"，属于形式概括型数括词语。

"合格证"和"营业证"①，就不大可能出现"三证"这样的形、义概括兼顾型数括词语。

　　汉语形式概括型数括词语大量出现的另外一个先决条件是句法的演变。王力（1980）从定语、行为名词、程度和范围、时间、条件和特指等六个方面对汉语句法从简单到复杂的演变进行了概括。说得再简单一点，就是各种不同的语义格都有相应的形式或结构来表达，如时间、处所、工具等，都有相应的介词短语来表示；任何一个概念、行为或状态都可以用相应的偏正结构使之精细化；任何一种逻辑关系都可以用相应的关联词语加以标示。总之，汉语句法结构的日益复杂、精细是与表达日益精确、复杂的要求相适应的。汉语句法结构的日益复杂与精细化发展为形式概括型数括词语的大量使用创造了良好的条件。例如，如果没有"百花齐放，百家争鸣"这样的表述，也就没有"双百"这样的数括词语，没有"就地取材、就地加工、就地销售"这样的并列结构，也就不大可能出现"三就地"这样的数括词语。

　　总之，数括词语，尤其是形式概括型数括词语受限成分的演变以及形式概括型数括词语的大量增加，是汉语词汇系统和句法系统发展的必然结果。

第三节　不同类型数括词语的消长与功能演变

　　为了考察古代汉语数括词语的句法功能，笔者对《词源》收录的以"三"开头的数括词语进行了分类统计，共录得数括词语 266 个，从中可以看出古代汉语数括词语的类型和功能。

一　不同类型数括词语的消长

　　与现代汉语一样，古代汉语的数括词语也可按同样的标准划分为形式概括型、语义概括型和形、义概括兼顾型三类，但各类数括词语的占比与现代汉语明显有别。表 5-1 是以《辞源》收录的以"三"为限定

---

　　① "许可证""合格证"和"营业证"都是偏正式结构中的定中式结构。定中式词语的大量出现是形、义概括兼顾型数括词语大量出现的基础。

成分的数括词语为依据统计出来的结果。

表 5-1   古代汉语各类数括词语之间的比例

类型	语义概括型	形式概括型	形、义概括兼顾型	合计
数量	172	74	20	266
占比	66.54%	27.82%	0.75%	100%

如表 5-1 所示，古代汉语以"三"为限定成分的数括词语以语义概括型数括词语为主，占比为 66.54%；其次为形式概括型数括词语，占比为 27.82%；最后为形、义概括型，占比仅为 0.75%。这一比例与现代汉语的情况明显不同。从所收集到的用例看，现代汉语中三类数括词语的比例如表 5-2 所示：

表 5-2   现代汉语各类数括词语之间的比例

类型	形式概括型	语义概括型	形、义概括兼顾型	合计
数量	360	110	111	581
占比	61.96%	18.93%	19.11%	100%

其中，占比最高的是形式概括型数括词语，占比达 61.96，其次为语义概括型数括词语，为 18.93%，最后为形、义概括兼顾型数括词语，为 19.11%。

从表 5-1 和表 5-2 可以看出，古代汉语中使用最多的是语义概括型数括词语，而现代汉语中使用最多的则是形式概括型数括词语，两者的占比均在 60% 以上。这是其一。其二，古代汉语以"三"为限定成分的数括词语中，形、义概括兼顾型数括词语仅占 0.75%，几乎可以忽略不计，而现代汉语中形、义概括兼顾型数括词语则基本上与语义概括型数括词语持平。古代汉语和现代汉语中三类不同数括词语之间比例和数量的消长变化反映了汉语词汇系统和句法结构演进、变化的必然结果。

二　数括词语句法、语用功能的演变

数括词语的句法功能与数括词语的结构类型密切相关。从句法功能看，语义概括型数括词语和形、义概括兼顾型数括词语从古到今变化不大，都以充当主语和宾语为主，表现出鲜明的名词性特征。例如：

（22）治国有三器……曰：号令也，斧钺也，禄赏也。——非号令无以使下，非斧钺无以畏众，非禄赏无以勤民。（《管子·版法解》，转引自《辞源》）

（23）三统者，天施、地化、人事之纪也。

（24）"山有三远：自山下而仰视山巅，谓之高远；自山前窥山后，谓之深远；自近山而望远山，谓之平远。"（宋郭熙《林泉高致集·山水训》，转引自《词源》）

（25）兵有三势……有气势，有地势，有因势。（《淮南子·兵略》）

（26）夫三端所贵，三寸著名。（《艺文类聚·舌赋》）

（27）刘表有酒爵三，大曰伯雅，次曰仲雅，小曰季雅。（曹丕《典论》）

（22）、（23）中，"三器""三统"为语义概括型数括词语，分别作宾语和主语；（24）、（25）中，"三远""三势"是形、义概括兼顾型数括词语，作宾语；（26）为形、义概括兼顾型数括词语，作主语。

古代汉语的数括词语也有作定语的情况，例如：

（28）宾客刘工，座上满斟三雅爵；迎仙汉帝，宫中高插九光灯。

（29）故风、雷、雨、露，天之灵；山、川、民、物，地之灵；语、言、文、字，人之灵。此三才之用，无非一灵以神其间，而又何可泯灭之？（《小窗幽记》）

（28）—（29）中，"三雅"指伯雅、仲雅、季雅，"三才"指天、地、

<u>人</u>，均为定语。

下面两例中的"三才"以自身初始表达式中的并列各项为涵义定语①，充当定中结构的中心语，具有凸显初始表达式中并列各项语义内容的作用，修辞色彩非常鲜明：

（30）王钦领旨，即往南郊，建起高坛三层，按四时九曜星辰于上，宰三牲取血，按天、地、人三才，列金木水火土于五方。（《东汉秘史》）

（31）夫大丹炉鼎，亦须合其天地人三才，五神而造之。（《云笈七签》第三部）

古代汉语中数括词语的话语或篇章组织功能也很明显，虽不像现代汉语数括词语那样突出，主角也由现代汉语中的形式概括型数括词语变成了古代汉语中的语义概括型数括词语，但以"总提——分述"模式发挥话语或篇章组织功能的用例已经不少。例如：

（32）孔子曰："侍于君子有三愆：言未及之而言谓之躁，言及之而不言谓之隐，未见颜色而言谓之瞽。"（《论语·季氏十六》）

（33）夫书法有六要：一曰气；二曰韵；三曰思；四曰景；五曰笔；六曰墨。（五代后梁荆浩《笔法记》）

（34）故文能宗经，体有六义：一则情深而不诡，二则风清而不杂，三则事信而不诞，四则义直而不回，五则体约而不芜，六则文丽而不淫。

（35）孔子曰："君子有三戒：少之时，血气未定，戒之在色；及其壮也，血气方刚，戒之在斗；及其老也，血气既衰，戒之在得。"（《论语·季氏十六》）

（36）汉武帝遣刺史周行郡国。省察治状，黜陟能否，断治冤狱，以六条问事：一条，强宗豪右，田宅逾制，以强凌弱，以众暴

---

① 涵义定语有时也叫同位定语，表达的内容与其修饰的中心语相同。

寡；二条，二千石不奉诏书，倍公向私，旁陷谋利，侵渔百姓，聚敛为奸；三条，二千石不恤疑狱，风厉杀人，怒则任刑，喜则任赏，烦扰刻暴，剥削黎元，为百姓所疾，山崩石裂，妖祥讹言；四条……；六条，二千石为公下比，阿附豪强，通行货，割损政令。（《日知录》）

（32）—（36）中，"三愆""六要"和"六义"均为语义概括型数括词语，只有"三戒"为形式概括型数括词语，都具有明显的篇章组织功能，且都是先以"有"的宾语的形式出现，对即将引入的内容进行总提，然后再逐一列举。（36）中的"六条"也是语义概括型数括词语，作"以"的宾语，篇章组织功能也很由特色。

第四节　小结

从古到今，汉语数括词语的发展既有继承，也有变化。继承主要表现在两个方面。一是结构类型一直保持稳定，从古到今都是一种以数词或数量短语为定语的定中结构。二是数括词语在现代汉语中的很多功能和价值，如篇章或话语的组织、照应功能和修辞价值，在古代汉语中就已萌芽，只是在现代汉语中得到了彻底发挥。发展主要表现在四个方面。一是量词进入了数括词语的限定成分，主要是个体通用量词"个"在形式概括型数括词语中的出现和"面""座""项""类"等量词在少数特殊语义概括型数括词语中的使用。三是能够充当数括词语受限成分的语言单位越来越多样化，从古代汉语里以单音节名词为主体发展到现代汉语里各种语法性质不同、音节数量不同、层级不同的语言单位。四是不同类型数括词语的数量和占比出现了较大变化。古代汉语中，占比最大的是语义概括型数括词语，现代汉语中则是形式概括型数括词语。凡此种种，数括词语随着汉语词汇和语法的演变而发展，成为汉语中一种特色鲜明的结构，表现出了强劲的生命力。

结　　语

汉语中有多种以数字、数词或数量短语为定语的定中结构，长期以来，一直被作为缩略词语的一个特殊类型看待，要不就是被部分或全部排除在缩略词语之外。这是纯粹居于形式作出的判断，与这些结构本身的内在本质不符。这些不同的带"数"结构，有的是典型的缩略词语，如"四野""一大"等；有的则既不是缩略词语，也不属于数括词语的范畴，如"五湖四海""九牛一毛""十拿九稳""七上八下""八一宣言"等。本书首先从形成过程、结构成分及结构成分的作用和意义等方面对数括词语、缩略词语和其他疑似结构进行了对比分析，揭示了数括词语与缩略词语及其他疑似结构的不同，把数括词语分为形式概括型、语义概括型和形、义概括兼顾型三类，然后分别对三类数括词语进一步从句法、语用功能，表义倾向和修辞价值的方面进行了全面、系统的考察，将数括词语从通常所说的缩略词语中区分出来，揭示了数括词语作为一个整体的共性及不同类型数括词语之间的不同，为立足于汉语作为分析性语言的特点，用分析性的眼光正视和研究汉语数括词语奠定了基础。

一　形式概括型数括词语

形式概括型数括词语是现代汉语中使用最为广泛，数量最大，适应性最强，使用最为方便、灵活，因而也是句法、语用功能和修辞价值最为丰富的一类数括词语，具有以下特点：

第一，从表义机制看，形式概括型数括词语在表义上具有求补性，需要首先与初始表达式链接，才能实现对其言外指称对象的指称。这是形式概括型数括词语发挥其句法、语用功能的基础。

第二，从句法功能看，形式概括型数括词语可以充当主语、宾语和定语，但以充当定语为主，其次是充当宾语。充当定语时，又以充当涵义定语为主要选项，倾向于修饰含有"原则""方针""政策""活动""目标"等语义内容的抽象名词；充当宾语时，多集中于充当"实现""实行"类动词的宾语，这两类动词通常也要求宾语位置上的名词是以"原则""方针""政策""活动""目标"等为语义内容的抽象名词。这与形式概括型数括词语充当涵义定语时对中心语在语义上的要求相吻合。

第三，从语用功能看，形式概括型数括词语既是一种独特的篇章指示手段，也是一种独特的篇章照应方式，还可以在篇章组织上发挥独特的作用。作为一种篇章指示手段，形式概括型数括词语以提及的（mention）方式与话语或篇章内的特定部分，即初始表达式中的各并列项链接，为自身的解读提供参照或索引。这既与"前者""后者"等篇章指示手段具有篇章指示功能但不提及特定的语言符号不同，又与单纯的提及只指称某一语言符号而不发挥篇章指示功能有别。作为一种篇章照应方式，形式概括型数括词语提及并与初始表达式中的并列各项同指，这又与零回指代词、第三人称代词、名词等照应手段仅与先行词同指而不指称先行词形成了鲜明的对照。另外，形式概括型数括词语与初始表达式之间的照应通常是双向、多头的并行照应，不受照应手段与照应对象之间的篇章距离制约。这也是零回指代词、第三人称代词、普通名词短语等照应方式所不具备的特征。作为一种篇章组织手段，形式概括型数括词语也可以发挥独特的作用，可以省去许多谋篇、措辞的麻烦，收到形神兼备、一气呵成的功效。

第四，形式概括型数括词语在很多情况下都具有浓厚的修辞色彩，尤其在"烧光、杀光、抢光的'三光'政策"这样的里外两层定中结构套叠的格式里，修辞动机尤为明显。在这样的套叠格式中，数括词语传递的是冗余信息，却具有强调、凸显特定的话语内容或表义取向的作用，用与不用，表达效果完全不同。

二　语义概括型数括词语

第一，与形式概括型数括词语相比，语义概括型数括词语最明显的特点，是可以直接指称其概括对象，而无须依赖于初始表达式，但在语用、修辞方面的功能和价值则远逊于形式概括型数括词语。从句法功能看，语义概括型数括词语以充当宾语和主语为主，表义上则没有明显的倾向或趋势，这与其受限成分通常由名词性成分充当有关。

第二，从有指与无指、有定与无定、类指与专指的对立看，语义概括型数括词语兼具有指、定指、类指、专指等指称特性，且不受句法环境的制约。语义概括型数括词语的定指性源于篇章照应。与形式概括型数括词语一样，语义概括型数括词语最初也是对由初始表达式引入篇章的一组特定对象进行概括的结果，具有照应初始表达式的作用。这种照应，最初是在同一话语或篇章内的照应，但可在数括词语的使用过程中发展为跨越不同话语或篇章的照应，因而有利于源文本的扩散、传播，并在一定的社会、政治、经济和文化条件下，确立源文本在一定的地域、时空或行业范围内的话语核心地位。从结构要素看，数括词语的指称特性则与充当限定成分的数词有关。这在语义概括型数括词语中表现得尤为明显。对此，本书除从句法和语用两个方面进行考察外，还通过对比英汉两种语言中的类似结构对此进行了解释和说明。

三　形、义概括兼顾型数括词语

形、义概括兼顾型数括词语兼具形式概括型数括词语和语义概括型数括词语的部分特征。

第一，从表义机制看，形、义概括兼顾型数括词语与语义概括型数括词语相似，可以直接指称其概括对象；形式上则与初始表达式中的并列各项关联，不过与形式概括型数括词语相比，这种关联并不明显。

第二，形、义概括兼顾型数括词语在句法功能上与语义概括型数括词语相似，以充当宾语和主语为主，充当定语时则以充当物体类定语为主。从语用、修辞功能和价值看，形、义概括兼顾型数括词语的指示功能远没有形式概括型数括词语明显，在篇章照应与组织方面，很少发挥作用。从修辞的角度看，形、义概括兼顾型数括词语也具有强调、凸显概括对象，增强表达效果的作用，但这时的句法位置与形式概括型数括词语明显不同，多以初始表达式的同位语的形式出现，也可以出现在其他句法位置，但起强调、凸显作用的形、义概括兼顾型数括词语通常都是初始表达式的复指成分。

四　小结

戴庆夏（2017）倡导用分析性眼光来研究汉语，强调研究汉语作为一种典型的分析性语言所具有的特征。数括词语历史如此悠久，使用如此频繁、广泛，个性特征如此鲜明，这绝非偶然，很可能是根植于汉语自身沃土的一种语言现象。如果将汉语的数括词语从通常所说的缩略词语中分离出来，用一种分析性的眼光来审视和观察，其对语言学研究的价值和意义又当如何呢？

参考文献

安华林：《汉语的简称》，《信仰师范学院学报》（哲学社会科学版）2002 年第 2 期。

奥田宽：《论现代汉语形容词的强制性联系和非强制性联系》，《南开学报》1982 年第 3 期。

鲍明凌、亢世勇：《基于数据库的现代汉语新词语缩略语的研究》，《术语标准化与信息技术》2002 年第 2 期。

蔡德荣：《汉语的词语简缩及其规范》，《河北大学学报》1985 年第 3 期。

曹炜：《现代汉语词汇研究》，北京大学出版社 2003 年版。

陈伯敏：《当代英汉缩略词语对比与互译刍议》，《绍兴文理学院学报》2004 年第 1 期。

陈昌来：《现代汉语句子》，华东师范大学出版社 2000 年版。

陈健民：《现代汉语里的简称》，《中国语文》1963 年第 1 期。

陈平：《释汉语中与名词性成分相关的四组概念》，《中国语文》1987 年第 3 期。

陈华清：《当代汉语缩略语的特点及运用》，《语言学习》2004 年第 3 期。

陈文：《试论缩略语及其与原词语的关系》，《广西师院学报》2001 年第 1 期。

戴庆夏：《论"分析性语言"研究眼光》，《云南师范大学学报》2017 年第 5 期。

邓云华、熊学亮：《论构式语法理论的进步与局限》，《外语教学与研究》2007 年第 5 期。

丁声树：《现代汉语语法讲话》，商务印书馆 1961 年版。

范颖：《论互文解构与互文建构》，《中国语文研究》2005 年第 3 期。

方绪军：《现代汉语句子》，华东师范大学出版社 2000 年版。

菲尔默：《"格"辩》，胡明扬译，载《语言学译丛》(2)，中国社会科学出版社 1980 年版。

高顺全：《有关"定指"的几个问题》，《河南师范大学学报》（哲学社会科学版）1995 年第 4 期。

高玉萍：《试论数字缩略语及其规范》，《现代语文》2006 年第 2 期。

郭伏良：《试论建国后汉语简缩造词的类型与特点》，《汉字文化》1998 年第 4 期。

郭进军：《数词缩语初探》，《天津师大学报》1990 年第 1 期。

何杰：《现代汉语量词研究》，民族出版社 2000 年版。

何月慧：《数词缩语的特点和作用》，《苏州教育学院学刊》（社会科学版）1987 年第 6 期。

何自然：《语用学概论》，湖南教育出版社 1988 年版。

何兆熊：《语用学概要》，上海外语教育出版社 1989 年版。

胡裕树、范晓：《试论语法研究的三个平面》，《语言教学与研究》1993 年第 2 期。

胡裕树：《现代汉语》，上海教育出版社 1979 年版。

华萍：《现代汉语语法问题的两个"三角"的研究》，《语言教学与研究》1991 年第 3 期。

黄锦章：《当代定指研究中的语用学视角》，《修辞学习》2004 年第 5 期。

胡壮麟、朱永生、张德录：《系统功能与法概念》，湖南教育出版社 1989 年版。

李芳：《现代汉语数字缩略语浅析》，《语言研究》2002 年（特刊）。

李萍：《冗余话语的表现形式》，《南昌工业学院学报》（社会科学版）2005 年第 2 期。

李晓荣：《从配价角度考察介词结构"对于……"作定语的情况》，载《配价理论与汉语语法研究》，语文出版社 2005 年版。

李晓云：《"数词+大+名词"短语结构中的名词特点分析》，《青海师范大学学报》（哲学社会科学版）2004 年第 6 期。

李宇明：《汉语量范畴研究》，华中师范大学出版社 2000 年版。

梁君英：《构式语法的新发展：语言的概括本质——Goldberg〈工作中的构式〉介绍》，《外语教学与研究》2007 年第 1 期。

廖美珍：《隐喻语篇功能研究——标题与正文之间的组织关系》，《外语教学与研究》2007 年第 3 期。

蔺璜：《定语位置上名词的句法表现及其语义特征》，《山西大学学报》（哲学社会科学版）2005 年第 3 期。

刘萍：《缩略词语基本原则探析》，《鞍山师范学院学报》1999 年第 2 期。

刘丹青：《汉语类指成分的语义属性和句法属性》，《中国语文》2002 年第 5 期。

刘丹青：《形名同现及形容词的向》，《南京师大学报》1987 年第 3 期。

刘顺：《汉语名词的多视角研究》，学林出版社 2003 年版。

刘志生：《东汉碑刻中的缩略词语考察》，《语言学研究》2006 年第 8 期。

陆俭明：《现代汉语语法研究教程》，北京大学出版社 2003 年版。

陆小明：《从汉英缩略词语的异同谈对汉字的再认识》，《外语教学》2006 年第 2 期。

刘永耕：《试论名词性定语的指称特点和分类》，载陆俭明等主编《面临新世纪挑战的现代汉语语法研究》，山东教育出版社 1999 年版。

刘有志：《"同一性定语"试探》，《赣南师范学院学报》1984 年第 3 期。

吕叔湘、朱德熙：《语法修辞讲话》，中国青年出版社 1952 年版。

吕叔湘：《中国文法要略》，载《吕叔湘文集》（1），商务印书馆 1946 年版。

吕叔湘：《吕叔湘自选集》，上海教育出版社 1989 年版。

吕叔湘：《现代汉语八百词》，商务印书馆 1980 年版。

骆小所：《现代修辞学》，云南教育出版社 2001 年版。

骆小所、周芸：《修辞学引论》，云南人民出版社 1999 年版。

马庆株：《缩略语的性质、语法功能与运用》，《语言教学与研究》1987 年第 3 期。

闵龙华：《论简略语》，《南京师大学报》1984 年第 1 期。

潘连根：《标数概括式简称在公文写作中的使用》，《浙江档案》1995 年第 4 期。

潘勇、陈云香：《新词新语研究中的几个问题》，《西华大学学报》（哲学社会科学版）2006 年第 6 期。

裴文：《索绪尔：本真状态及其张力》，商务印书馆 2003 年版。

屈承熹：《汉语篇章与法》，北京语言文化大学出版社 2006 年版。

任鹰：《现代汉语非受事宾语研究》，社会科学研究出版社 2005 年版。

邵敬敏：《量词的语义分析及与名词的双向选择》，《中国语文》1993 年第 3 期。

邵敬敏：《量词的语义分析及与动词的选择关系》，《中国语文》1996 年第 2 期。

邵志洪：《语言中冗余现象的积极作用》，《外语教学》1993 年第 4 期。

沈家煊：《语法中的“标记颠倒”现象》，现代汉语语法国际学术会议，1998 年。

石毓志：《汉语的有标记和无标记语法结构》，现代汉语语法国际学术会议，1998 年。

是兆新、安瑛：《关于公文中使用缩略语现象的研究》，《秘书之友》1995 年第 10 期。

孙群、汪海英：《科技论文中的缩略词语》，《编辑学报》2001 年第 5 期。

谭汝为：《世纪之交报刊语言的变化趋势》，《毕节高等师范专科学校学报》2002 年第 1 期。

唐建军：《冗余现象与外语教学》，《四川外语学院学报》2001 年第 2 期。

唐雪凝、汪宁：《社会性与语用效果的结果：试论缩略语的使用》，《济宁师范专科学校学报》2005 年第 4 期。

滕延江、单士坤：《英汉数字缩略语的语用修辞功能对比及翻译》，《山东教育学院学报》2005 年第 5 期。

［瑞］索绪尔：《普通语言学教程》，裴文译，江苏教育出版社 2002 年版。

王均熙：《现代汉语略语词典》，文汇出版社 1998 年版。

王吉辉：《现代汉语缩略词语研究》，天津人民出版社 2001 年版。

王苹：《当代新词语构成方式新探》，《宁波教育学院学报》2003 年第 3 期。

王力：《汉语史稿》，中华书局 1980 年版。

［比］维索尔伦：《语用学诠释》，钱冠连、霍永寿译，清华大学出版社 2003 年版。

魏成春：《论"数称"》，《学术交流》2006 年第 1 期。

魏俊轩：《冗余与语言交际》，《西南民族学院学报》（哲学与社会科学版）2002 年第 1 期。

文贞惠：《"N1（的）N2"偏正结构中 N1 与 N2 之间的语义关系的鉴定》，《语文研究》1999 年第 3 期。

温锁林：《现代汉语语用平面研究》，北京图书馆出版社 2001 年版。

吴欣欣：《汉语缩略语三题》，《安徽大学学报》（哲学社会科学版）1993 年第 3 期。

吴本和：《谈谈汉语中缩略语》，《河南大学学报》（哲学和社会科学版）1989 年第 5 期。

吴翠芹：《缩略语及其与原词语的关系》，《广西社会科学》2005 年第 3 期。

吴思聪《论话语凝缩的概念》，《云南师范大学学报》2006 年第 5 期。

吴思聪：《论外来词对汉语词汇系统的影响》，《云南师范大学学报》2002 年第 1 期。

吴思聪：《话语凝缩：一种独具特色的汉语御用现象》，《修辞学习》2006 年第 2 期。

邢福义、汪国胜：《现代汉语》，华中师范大学出版社 2003 年版。

邢福义、汪国胜：《语言学概论》，华中师范大学出版社 2002 年版。

邢福义：《现代汉语语法研究的"小三角"和"三平面"》，《华中师范大学学报》（哲社版）1994 年第 2 期。

邢福义：《语法问题发掘集》，湖北教育出版社 1992 年版。

邢福义：《现代汉语语法研究的两个"三角"》，《云梦学刊》1990 年第 1 期。

邢福义：《从基本流向纵观现代汉语语法研究四十年》，《中国语文》1992 年第 6 期。

邢福义：《汉语语法三百问》，商务印书馆 2002 年版。

徐国庆：《缩略语与原词语的语义关系》，《语文建设》1998 年第 12 期。

徐耀民：《缩略语的划界和规范问题》，《语文建设》1988 年第 3 期。

徐丽华：《试论新缩略语》，《浙江师大学报》（社会科学版）1994 年第 5 期。

徐时议：《白话俗语研究的百年历程》，《文献》2000 年第 3 期。

杨国庆：《汉语数词缩略语及其在哈萨克语中的表现形式》，《伊利师范学院学报》2005 年第 4 期。

杨佑文、张金荣：《英汉缩略词语的跨文化比较》，《哈尔滨学院学报》2004 年第 7 期。

殷凌燕：《试论缩略语及其规范化问题》，《咸宁学院学报》2004 年第 4 期。

殷志平：《构造缩略语的方法和原则》，《语言教学与研究》1999 年第 2 期。

殷志平：《数字式缩略语的特点》，《汉语学习》2002 年第 4 期。

余富林：《英汉缩略语比较》，《中国科技翻译》1996 年第 3 期。

袁毓琳：《现代汉语名词的配价研究》1992 年第 3 期。

袁毓琳：《一价名词的认知研究》1994 年第 4 期。

袁毓琳：《汉语动词的配价问题》，江西教育出版社 1998 年版。

游顺钊：《从认知的角度探讨上古汉语名量词的起源》，《中国语文》1988 年第 5 期。

俞理明：《汉语缩略研究——缩略：语言符号的再符号化》，博士学位论文，四川大学，2002 年。

曾剑平：《汉语缩略语及其翻译》，《中国科技翻译》2003 年第 5 期。

张伯江：《汉语名词怎样表现无指成分》，载《庆祝中国社会科学院语言研究所建所 45 周年学术论文集》，商务印书馆 1997 年版。

章彩云：《汉语标数式缩略语的结构分析及其英译》，《西安文理学院学报》（社会科学版）第 4 期。

张国侠：《缩略语的语用价值分析》，《绥化学院学报》2007 年第 6 期。

张云：《当代汉语中形形色色的"缩略"现象》，《语文学刊》2004 年第 1 期。

张建理：《英语形—名结构的动态识解研究》，《外语教学与研究》2007 年第 2 期。

赵月朋：《现代汉语语法》，河南人民出版社 1980 年版。

周琴：《现代汉语数词缩略语探析》，《淮阴师范学院学报》（哲学社会科学版）2002 年第 1 期。

周世列：《数词缩语及其规范》，《思维与智慧》1987 年第 5 期。

朱德熙：《关于动词形容词"名物化"的问题》，《北京大学学报·人文科学》1961 年第 4 期。

秦裕祥：《英语名词词组中置修饰语使用限制的此范畴化解释》第 2 期。

《党建文汇》2001 年第 12 期。

《党的建设》2004 年第 6 期。

Fillmore，C.J.，*The case for case*，In E Bach and R.T.Harms（eds）*Uuiversals in Linguistic Theory*，New York：Holt，Rinehart，and Winston，1968.

Halliday，M. A. K.，《功能语法导论》，外语教学与研究出版社 2000 年版。

Hailliday, M. A. K. and R. Hasan, *Cohesion in English*, London: Longman, 1976.

Levinson, C., *Pragmatics*, Cambridge: Cambridge University Press, 1983.

Li, Cherry Ing, *Participant Anaphora in Mandarin Chinese*, University of Florida Ph. D. Dissertation, 1985.

Lyons, J., *Semantics I and II*, London: Cambridge University Press, 1977.

Richards, J. el., *Dictionary of Language and Applied Linguistics*, Britain: Longman Group UK Lt, 1992.

Ungerer, F., H. −J. Schmid., *An Introduction to Cognitive Linguistics*, New York: Addison Wesley Longman, 1996.

Xu, Yulong, *Resolving Third −person Anaphora in Chinese Text*: Toward a Yule, G. 1996. Pragmatics, Oxford: Oxford University Press, 1995.

后　记

　　本书即将付梓出版，欣慰之余，也对多年来给予我各种帮助的个人和单位心怀感激。骆小所教授在本书的构思、写作、修改、定稿等各个环节都提出了很多宝贵的意见和建议，邢福义教授、汪国胜教授等老一辈语言学家对本书的选题给予了充分肯定，并在整个研究和写作过程中多次给予热情鼓励和帮助。最后还要感谢云南师范大学所属云南华文学院和云南师范大学文学院为本书提供了出版资助。

　　限于本人的学识和能力，本书难免有不少缺点和不足，恳请专家、读者批评指正。

吴思聪

2019 年 1 月